KB022955

말도 아름다운 꽃처럼 그 색깔을 지니고 있다.

E. 리스

대화는 당신이 배울 수 있는 기술이다.
그건 자전거 타는 법을 배우거나 타이핑을 배우는 것과 같다.
만약 당신이 그것을 연습하려는 의지가 있다면,
당신은 삶의 모든 부분의 질을 급격하게 향상시킬 수 있다.

브라이언 트레이시

高情商聊天术 BY 张超
Copyright ⓒ 2017 by 天津磨铁图书有限公司All rights reserved.
Korean Translation Copyright ⓒ 2020 by davincihouse.Co.,Ltd.
Korean edition is published by arrangement with 天津磨铁图书有限公司
through EntersKorea Co.,Ltd.

이 책의 한국어판 저작권은 (주)엔터스코리아를 통해 저작권자와 독점 계약한 (주)다빈치하우스에 있습니다.
저작권법에 의하여 한국 내에서 보호를 받는 저작물이므로 본사의 허락 없이는 어떠한 형태나 수단으로도
이 책의 내용을 사용하지 못합니다.

끌리는 말투에는
비밀이 있다

끌리는 말투에는
비밀이 있다

개정 1판 1쇄 발행 2020년 11월 10일
개정 1판 2쇄 발행 2020년 12월 20일

지은이 장차오
옮긴이 하은지
펴낸이 김영선
책임교정 이교숙
교정·교열 남은영, 양다은
경영지원 최은정
디자인 바이텍스트
마케팅 신용천

펴낸곳 (주)다빈치하우스-미디어숲
주소 경기도 고양시 일산서구 고양대로632번길 60, 207호
전화 (02)323-7234
팩스 (02)323-0253
홈페이지 www.mfbook.co.kr
이메일 dhhard@naver.com (원고투고)
출판등록번호 제2-2767호

값 15,800원
ISBN 979-11-5874-088-7

● 미디어숲은 (주)다빈치하우스의 출판브랜드입니다.
● 잘못된 책은 바꾸어 드립니다.

이 도서의 국립중앙도서관 출판예정도서목록(CIP)은 서지정보유통지원시스템 홈페이지(http://seoji.nl.go.kr)와
국가자료공동목록시스템(http://www.nl.go.kr/kolisnet)에서
이용하실 수 있습니다.(CIP제어번호: CIP2020038168)

끌리는 말투에는
비밀이 있다

장차오 지음 ㅣ 하은지 옮김

사람의 마음과
인생의 기회를
사로잡는 대화법

미디어숲

끌리는 말투가
당신의 인생에 기회를 만든다

우리는 전례 없는 정보의 '대폭발' 시대를 살아가고 있다. 인터넷
에서 시작된 과학기술의 혁신은 사람들의 삶을 완전히 바꿔놓았다.
앞으로 사람들의 업무 방식과 그 성질은 계속 변화할 것이다. 기기
는 끊임없이 진화하며 편리해지고 있다. 과연 우리 인간은 무엇으
로 기기와 겨룰 수 있을까?

'이게 대체 대화랑 무슨 상관이람?' 하고 생각하는 독자가 있을지
도 모르겠다. 물론 관련이 있다. 책을 쓰면서 나는 자기의 삶이나 일
이 대화와는 크게 연관이 없다고 생각하는 사람들이 오히려 이 책
을 더 많이 읽으면 좋겠다고 생각했다.

지금은 건재한 직장이더라도, 당신이 아무리 노력을 기울인다 하
더라도 그 업계가 앞으로 3년, 혹은 5년 안에 거대한 변화의 물결을

타게 될지 아닐지는 누구도 장담할 수 없다. 직장과 일자리는 당신의 노력만으로 지켜내기 힘든 시대가 됐다. 새로운 기술 발전의 충격으로 하루아침에 당신이 몸담은 업계가 영영 사라질 수도 있기 때문이다.

지금 우리가 몸담은 직장과 업계의 안녕을 장담할 수 없다. 치열한 경쟁과 협력 관계 속에서 사회생활을 하는 우리는 앞으로 무엇에 기대어 살아야 할까? 한 치 앞도 내다보기 힘든 변화의 물결 앞에서 우리는 탄력적이고 융통성 있는 처세술을 익혀야 한다.

앞으로 당신은 재미있고 유쾌하면서도 '대화력對話力'이 있는 사람이 되어야 한다. 언어는 우리 생각보다 훨씬 더 강력한 힘이 있다. 미래의 전략과 관련해서, 끌리는 말투를 구사하는 사람이라면 지금 몸담은 업계가 모두 사라진다고 해도 여전히 영향력을 발휘하는 능력 있는 인재로 살아갈 수 있다.

가령 지금 존재하는 산업에 관한 지식을 열심히 공부한 학생이 있다. 그런데 학교를 졸업하고 나니 그 산업이 사라졌다. 어쩔 수 없이 새로운 업계로 들어간 그가 어떻게 기계나 자기보다 어린, 혹은 경력 있는 사람들과 경쟁해서 이길 수 있을까? 때문에 전문지식 말고도 어떻게 사람들과 대화하고 교제해야 하는지를 익혀야만 한다. 그래야 동일한 조건에 놓인 다른 사람들보다 한 번 더 기회를 얻을 수 있기 때문이다.

중국 최대 부호 청쿵그룹 회장인 리자청李嘉誠은 "독서가 당신의 재산을 늘려주진 않는다. 그러나 더 많은 기회를 준다. 기회를 창조해내는 것이야말로 미래를 준비하는 가장 좋은 투자법이다."라고 말한 바 있다. 대화 역시 마찬가지다.

지금 일하는 직장에서 당신이 얼마나 유능한 사람인지, 얼마나 일을 잘하는지를 당신의 앞길에 영향을 미칠 사람에게 알리는 것이 중요하다. 많은 사람에게 말을 잘한다는 것은 곧 일을 잘한다는 의미로 통한다. 그런데 사람들은 "우리 상사는 말 잘하는 사람만 좋아해요. 제가 얼마나 일을 많이 했는지는 관심도 없어요."라고 불만을 터뜨린다.

상사의 잘못은 그가 알아서 고칠 일이다. 우리의 잘못은 자기 자신을 좀 더 멋지게 표현하지 못해 기회를 전부 허공에 날려버렸다는 것이다. 상사가 당신과 대화를 나눈 뒤 "자네는 정말 믿음직스러운 사람이군."이라고 말할 수 있어야만 당신을 신뢰하고 중요한 업무를 맡길 수 있다. 그래야만 훗날에도 중요한 사람으로서 역할을 발휘할 수 있다. 그럼 당신은 말을 잘 못하는 사람보다 훨씬 더 큰 경쟁력을 갖게 되는 셈이다.

매일매일 우리는 말하는 능력을 키워야 한다. 새로운 고객을 짧은 시간 안에 당신의 사람으로 만들어야 하고, 기존 고객도 잘 관리해야 한다. 가족들도 잘 돌봐야 하고 배우자에게도 신경 써야 한다. 자녀들과 대화를 나눌 때도 아이들에게 당신의 사랑을 전해야 한다. 마음으로만 사랑하고, 표현하지 못하는 부모가 되어서는 안 된다. 물론 언어 표현 역시 형식과 그 깊이가 제각각이다.

이 책에는 일상에서 흔히 접하는 여러 대화의 사례가 담겨 있다. 나는 대화가 토론이나 변론보다 훨씬 더 강한 힘이 있다고 믿는다. 변론의 대가들은 사람들에게 일종의 공포감을 준다. 그들은 상대를 이기려 하고 친구를 패배하게 만든다. 그건 내가 원하는 결과가 아니다. 진정한 대화를 나누는 사람은 끌리는 말투를 구사할 줄 아는 사람이다.

일주일 동안 우리는 아무와도 변론하지 않고, 어떤 행사도 진행하지 않고, 연설도 하지 않고 살아갈 수 있다. 그러나 일주일 동안 누구와도 대화하지 않고 살아가기는 힘들다. 대화를 통해 우리는 때로 그동안 알지 못했던 나 자신과 다른 사람의 모습을 발견한다.

끌리는 말투는 당신을 좀 더 능동적이면서 매력적인 사람으로 만들어준다. 열린 마음으로 다른 사람과 의견을 나누고 이해하며 탐구하는 방식으로 자연스럽게 상대를 이해하는 사람으로 만들어준다. 그래서 진정으로 공감하고 또 대응하는 법을 익히게 해준다.

지금 같은 인터넷 시대에는 사람들이 대부분 온라인을 통해 소통한다. 이런 상황에서는 사람과 사람이 직접 만나 얼굴을 보고 대화를 나누는 능력이 점차 퇴화할 수 있다. 이런 때일수록 대화의 중요성은 더욱 커지고 끌리는 말투는 더욱 필요해진다.

이 책은 당신이 사람들과 대화를 나눌 때 많은 도움을 줄 것이다. 이 책을 통해 관계 속에 존재했던 복잡한 문제를 아무것도 아닌 것으로 만들 수 있으며 상대를 설득하는 과정에서도 상대에게 전혀 설득하는 느낌을 주지 않을 것이다. 당신은 함께 대화하고 싶은, 매력적인 사람으로 변할 것이다. 사람들은 그런 사람을 지지하고 신뢰하고 응원한다. 이것은 그 사람이 인공지능을 얼마나 이해하는지, 재무제표를 작성할 수 있는지와는 아무런 관계가 없다.

저자 장차오

1부 좋은 인상을 남기는 말투는 따로 있다
대화의 물꼬를 잘 틀어라

2부 말하기가 달라지면 관계가 편안해진다
생각지도 못한 각도에서 이야기하라

3부 똑똑하게 할 말 다하면서
원하는 바를 얻는 비밀

공감과 반대 의견을 절묘하게 활용하라

당신은 미처 주의를 기울이지 못한 작은 동작일지라도 상대는 그것을 기억한다.
누군가와 얼굴을 마주하고 대화를 나눌 때는 '무슨 말을 했는지'와
동시에 '무슨 동작을 했는지'가 매우 중요하다.
그렇다면 어떻게 당신의 말과 행동을 잘 매치해 상대에게 일관적이면서도
긍정적인 메시지를 전달할 수 있을까?

좋은 인상을 남기는 말투는 따로 있다

대화의 물꼬를 잘 틀어라

첫 만남에서
좋은 인상을 남기는 법

과거와 달리 새로운 사람을 사귀고 알아갈 기회는 많아진 반면, 상대방에게 좋은 인상을 남기는 사람은 많지 않다.

우리는 사람들이 나를 잘 기억해줬으면 한다. 심지어 이상한 사람으로 기억될지언정 기억에도 남지 않는 사람은 되고 싶지 않다고 생각하여 일부러 과장된 행동이나 분위기 띄우는 말을 하려고 애쓴다. 인상적인 사람이 되기 위해서 말이다. 그런데 이런 방법은 효과적이지 않다. 오히려 '이상한 사람'이라는 인상이 강하게 남으면 나중에 아무리 노력해도 좋은 인상으로 바꾸기 어렵기 때문이다. 어떻게 해야 사람들에게 좋은 인상을 심어줄 수 있을까?

1. 유머가 있어야 한다.

유머는 자연스럽게 사람들이 당신에게 관심을 갖게 하는 방법이다. 그들이 잘 모르는 재미있는 에피소드나 말을 기억해두었다가 들려주면 좋은 인상을 남기기 쉽다. 다만 상대가 초면일 경우 리스크가 따른다. 왜냐하면 당신은 농담이라고 건넸는데 그 사람에게는 아픔이고 상처일 수도 있기 때문이다. 때문에 '남을 웃기면서 상처를 주지 않는 것'이 그리 쉽지만은 않다.

상대를 감동시키는 유머는 어떤 걸까. 먼저 인간이 가진 다양한 면을 알아둘 필요가 있다. 사실 매우 외향적이고 명랑한 사람일지라도 내면 한구석에는 다른 사람에게 말 못 하는, 혹은 사람들이 몰랐으면 하는 아픔이 있을 수 있다. 반대로 아주 조용하고 침착한 사람일지라도 특정 상황에서 자신의 격한 감정과 행동을 필사적으로 억누르고 있을 수 있다.

새로운 사람을 알아가는 과정에서 이러한 심리를 잘 활용한다면 상대는 '정말 나를 잘 이해하는 사람'으로 당신을 기억할 것이다. 예를 들면 이런 것이다.

- 상대가 내성적인 사람일 때

"오늘 말을 많이 한 건 아니었지만, 저를 진심으로 응원해주고 있다는 느낌을 받았어요."

- 상대가 외향적인 사람일 때

"당신이 보인 침묵이 인정과 긍정의 의미라는 걸 알아요. 저에게는 정말 큰 힘이 되었습니다.”

이렇게 대화를 주고받으며 사람들은 세심함과 따뜻함, 자신을 향한 배려와 관심을 느끼고 당신에 관해 좋은 기억을 갖게 될 것이다.

2. 상대를 '공부'해야 한다.

인간관계에서 기회를 노리는 사람은 점점 많아지는데 인내심을 갖고 준비하는 사람은 드물다. 누군가를 만나기 전에 그 사람에 관한 자료와 정보를 모으고 정리해놓으면 대화를 나눌 때 이를 적절히 활용할 수 있어 호감을 남길 수 있다. 구체적인 방법은 다음과 같다.

- 과거에 상대가 말한 적 있는 전략적 구상, 혹은 남들과는 달랐던 독특한 견해들을 적절히 인용해보자. 이를 통해 상대에게 자신감을 줄 수 있고 분명히 그는 당신과 계속해서 대화를 이어가려 할 것이다.
예) "빠르게 변화하는 시대지만 직장인이라면 적어도 향후 3년 동안의 커리어에 관한 계획을 세워놓는 것이 좋다고 말씀하셨던 게 기억나네요."

- 질문할 때는 상대의 개인적인 경험이나 경력을 활용해보자.

예) "엔지니어로 일하셨다가 나중에 창업에 성공하셨잖아요? 개인적으로 엔지니어에서 사업체를 이끄는 리더가 되려면 어떤 문제들을 극복해야 한다고 생각하시는지요?"

- 자기소개를 할 때 상대와의 공통점을 거론하자.
예) "서울이 고향이시죠? 사실 저도…."

3. 두 번째 만남을 노려라.

요즘은 성미 급한 사람이 너무 많다. 오히려 두 번째 만남에서 좋은 인상을 남기는 것이 전략이 될 수 있다.

때로 사회적 지위가 있거나 성공한 사람을 만날 때 외부에 알려진 그들의 이미지나 성격 때문에 괜히 주눅 드는 경우가 있다. 특히 어린 친구들의 경우 평소 자신이 좋아하고 우러러보던 사람 앞에 서면 '두려운' 마음이 들기도 한다. 그러나 사실 이 모든 것은 지금껏 자신이 만난 사람이 많지 않다는 것을 증명하는 셈이다.

오래전에 있었던 일이다. 한 유명 인사와 프로젝트 사업에 관해 이야기할 일이 있었다. 평소 뉴스나 신문에서 보던 그는 매우 엄격하고 빈틈이 없는 사람이었다. 가끔 텔레비전에 비친 모습 역시 말수가 적고, 말투는 느리지만 매우 예리했으며, 인간미라고는 느껴지지 않았다.

처음 그를 만난 곳은 대외행사가 있는 장소였다. 그는 한눈에도 매우 바빠 보였다. 이리저리 계속 돌아다니는 통에 그에게 다가가 나를 소개할 시간이 없었다.

두 번째 만난 곳은 그의 회사에서였다. 내가 직접 그 회사로 찾아가 만났는데 이날 그의 성격이 외부에 알려진 것과는 많이 다르다는 사실을 발견했다. 그는 매우 털털하고 예의 바른 사람이었다. 외국에서 사 온 볼펜을 내게 선물로 주면서 처음 만나 반갑고 앞으로 잘해보자고 했다.

나는 볼펜을 건네받으며 감사의 뜻을 밝혔다. 그러면서 자연스럽게 '사실은 우리의 만남이 처음이 아니며 당신이 나를 기억하지 못할 뿐, 나는 당신을 본 뒤 많은 생각을 하게 되었다'는 말을 전했다. 나는 그를 처음 보았던 지난번 행사를 이야기하며 말을 이어갔다.

"얼마 전에 열린 '기업가 혁신 행사'에 참여했는데, 당신의 발표를 듣기 위해서 갔었죠. 그날 '우리 기업 역시 새로운 발전 모델을 모색하고 있다'고 말씀하셨죠. 그걸 듣고는 '아, 저렇게 성공한 기업도 끊임없이 새로운 돌파구를 찾아 노력하고 있구나'라는 생각이 들어 놀라웠습니다. 당신을 더 존경하는 계기가 되었습니다."

이 말을 들은 그는 나를 기억하지 못해 미안하다는 듯 겸연쩍은 미소를 지었다. 동시에 자신을 똑똑히 기억하는 나에게 깊은 인상을 받은 듯했다. 그렇게 우리는 프로젝트 사업에 관해 순조롭게 이야기를 이어나갔고 성과를 거둘 수 있었다.

그날 나는 한 가지 진리를 깨달았다. 누군가의 실제 성격은 텔레

비전에 나오는 이미지와는 상당 부분 차이가 있으니 거기에 속지 말자고. 그건 단지 외부에 자신을 알리기 위한 하나의 수단이자 이미지 메이킹일 뿐이라고.

많은 사람들이 불안함 때문에 성격이 모질고 단호한 사업파트너를 만나고 싶어 한다. 상대의 강함과 결단력 있는 모습에 신뢰를 느끼고 거기에 자신을 묻어가고 싶은 마음이 있기 때문이다. 그날, 그와의 만남을 통해 내가 마음속에 새긴 말이 있다.

'사람들은 내가 자기에게 얼마나 관심을 가졌는지 말해주는 것 외에는 별 흥미가 없다.'

말이란 생각을 표현하는 것이다. 아무리 진심이라고 해도 그것을 적절하게 표현하지 못한다면 상대를 감동시킬 수 없다. 누군가를 처음 만났을 때 그 사람이 무슨 말을 했는지, 어떤 행동을 했는지 똑똑히 기억하자. 그게 어렵다면 상대가 쓴 모자나 안경 색깔 정도라도 기억해두는 것이 좋다. 두 번째 만남에서 당신이 관찰했던 바를 말한다면 당신은 그에게 남들과는 다른 사람으로 기억된다.

상대를 기분 좋게 하는
'칭찬'의 기술

칭찬이 꼭 좋지만은 않다고 하는 사람들이 있다. 그건 늘 똑같고, 상투적이며, '영혼 없는' 칭찬일 때 하는 얘기다. 만일 당신이 조금만 기술을 더해 진심 어린 칭찬을 건넨다면 상대는 오히려 그 칭찬에 '중독'될 수도 있다. 그렇다면 좋은 칭찬의 특징은 무엇일까?

1. 좋은 칭찬은 진심에서 우러나와야 한다.

많은 사람이 누군가를 칭찬할 때 그저 틀에 박힌 말을 소극적으로 조용조용히 건네는데, 그러려면 아예 하지 않는 편이 낫다. 이른바 '성공한' 영업사원의 공통점은 다른 사람을 칭찬하는 재주가 있다. 다들 꾸밈없이 적극적이고 호탕하게 상대를 높여준다. 상대가 내 주머니 속의 돈을 노리고 있다는 사실을 뻔히 알면서도 칭찬을 들었을 때 기분이 좋아지는 건 어쩔 수가 없다. 기분이 좋아지면 대뇌 활동이 활발해지면서 어떤 사건을 긍정적으로 바라보는 경향이 생긴다. 이런 긍정적 사고는 상대와의 관계를 더욱 돈독하게 한다. 그러니 이제부터는 아무리 사소한 부분이라도, 설령 상대가 매우 조용하고 품위 있다는 점을 칭찬하고 싶더라도 대범하고 진실하게, 큰 소리로 말하는 것이 좋다.

2. 좋은 칭찬은 상대를 편안하게 한다.

혹시 당신은 이런 경험이 있는가? 누군가를 열심히 칭찬했는데 그 후 관계가 가까워지기는커녕 멀어졌고 심지어 나중에는 그 사람이 당신을 별로 만나고 싶어 하지 않았던 경우 말이다.

사람은 무의식적으로 남이 한 말에 자신의 행동을 맞추려는 경향이 있다. 그런데 만일 당신이 '심하게 과한 칭찬'으로 상대를 치켜세우면 그는 자신이 그 칭찬의 수준에 도달할 수 없다는 부담감을 느끼고 당신과 거리를 유지하려 든다.

예를 들어보자. 누군가에게 "당신은 정말 좋은 사람이에요. 매번 내가 필요할 때마다 지체 없이 도움을 주잖아요."라고 칭찬을 했다고 치자. 이 칭찬에는 진심이 빠져 있다기보다는 일종의 보이지 않는 요구사항이 숨겨져 있다. 다시 말해 상대가 '매번', '지체 없이', '당신이 도와주어야만' 정말 좋은 사람이라는 기준에 도달할 수 있기 때문이다. 이 얼마나 부담스럽고 과한 요구란 말인가!

좋은 칭찬은 상대의 도움이 얼마나 적절하고 고마웠는지에 대해서만 이야기하면 된다. 사실 당신이 그때 겪은 고통과 아픔을 생생하게 설명하기만 해도 상대는 당신이 자신의 도움에 얼마나 깊이 감사하고 있는지 느낄 수 있다.

3. 좋은 칭찬은 센스가 있어야 한다.

좋은 칭찬은 생동감 있고 유머러스하며 '기교'가 있어야 한다. 구체적인 예를 살펴보자.

- 작은 선물을 곁들인다.

친구 중 한 명이 어느 날 부하 직원에게 '넥타이'를 선물로 받았다. 넥타이에는 '이끌고 인도한다'는 의미가 담겨 있다. 품위 있어 보이면서도 그리 부담스럽지 않은 선물이었다. 더 재미있는 것은 선물을 건네면서 직원이 한 말이었다.

"지금껏 저를 믿어주셔서 감사해요. 앞으로도 계속 저를 잘 이끌어주셔서 더 좋은 성과를 거둘 수 있길 바라요." 이렇게 말하며 건네는 직원의 '넥타이'를 거절할 상사가 과연 몇 명이나 될까?

- 상대의 다양한 욕구를 충족시킨다.

미국의 심리학자 에이브러햄 매슬로Abraham Maslow는 인간에게는 생리적 욕구, 안전의 욕구, 애정과 소속의 욕구, 존경의 욕구, 자아실현의 욕구와 같은 다섯 가지 욕구(1943년에 제안한 인간 욕구에 관한 학설로 이른바 '매슬로의 인간 욕구 5단계 이론')가 있다고 주장했다.

그중 애정과 소속의 욕구는 우정과 사랑, 대인관계에 관한 욕구이다. 사람은 내가 누군가에게 필요한 존재라고 느낄 때 자신이 사회적으로 가치 있는 존재라고 인식한다. 보통 상대에게 감사와 칭찬의 말만 전해도 이러한 심리적 욕구를 채워줄 수 있다.

존경의 욕구는 사회적 성공이나 명성, 지위나 승진과 같은 비교적 높은 차원의 욕구에 속한다. 이 욕구에는 성공이나 자아실현에 대한 개인의 느낌 말고도 자신을 향한 타인의 존중도 포함된다.

언뜻 보기에는 애정과 소속의 욕구와 존경의 욕구가 비슷한 듯하지만 실제로 적용하는 과정에서 큰 차이를 느낄 수 있다. '왕 사장님은 정말 능력 있는 분'이라는 말을 한 사람에게 했을 때와 어떤 조직 혹은 무리를 대상으로 했을 때 왕 사장이 느끼는 바는 완전히 다르다. 그러니 '공개적인 장소에서 상대를 칭찬하는' 기술을 적절히 사용해보길 바란다. 그러면 앞서 말한 두 가지 심리적 욕구를 모두 채워줄 수 있다.

좋은 칭찬은 여러 형태로 확장시켜나갈 수 있다. 왕 사장 앞에서 칭찬하는 것과 뒤에서 칭찬하는 것도 당사자에게 또 다른 느낌을 준다. 보통 당사자가 없는 곳에서 그를 칭찬하는 경우는 어떤 이익을 취하려는 목적이 아니기 때문에 평범한 말 한마디 한마디가 더욱 진실하게 느껴져 그 사람을 감동시킬 수 있다. 당사자가 없는 곳에서 칭찬했다고 혹시 그 사람이 모를까 봐 걱정하지 마라. 장담하는데 당신이 생각했던 것보다 훨씬 더 빨리 그 사람 귀에 그 소식이 들어갈 테니.

-함축된 의미가 많은 칭찬일수록 좋다.

칭찬도 구체적일 수 있다. 상대가 어떤 일 하나를 완성했을 때 그저 대단하다고 큰 소리로 떠들어대는 것보다는 그 일이 얼마나 어려운 것이었는지를 분석하는 것이 더 나을 수 있다. 정말로 힘든 일이었지만 그가 어려움을 극복해서 완성한 사실을 열심히 설명하는 것 자체가 충분한 칭찬이 될 수 있기 때문이다.

반전의 묘미를 살리는 것도 좋다. 예를 들면 이런 식이다.

"당신을 처음 봤을 때는 거리감이 느껴졌어요. 보통 능력이 뛰어난 사람들이 포용할 줄 모르는 경향이 있잖아요. 하지만 시간이 지나면서 제 예감이 틀렸다는 걸, 그리고 당신 같은 사람은 드물 것이란 생각이 들었죠. 당신은 스스로에게는 엄격하지만 다른 사람에게는 관대하고 너그러우니까요."

하나의 소재로 다른 이야깃거리를 만들어내는 방법도 있다. 상대에게 '당신은 사회적 지위가 있는 분'이라고 칭찬하면 그 말을 듣고 그냥 잊어버릴 확률이 높다. 심지어 누군가는 자신의 지위를 당신이 평가하고 결론 내렸다는 생각에 기분이 상해 반감을 품을지도 모른다. 그런데 만일 상대의 가정환경을 어느 정도 아는 경우라면 이런 식으로 칭찬을 건넬 수 있다.

"이번 일로 많은 도움을 받았습니다. 당신은 정말 해결하지 못하는 문제가 없으시군요. 최고의 사업파트너를 만난 것 같습니다. 당신의 가족들도 당신 같은 사람이 곁에 있어서 매우 든든해할 것 같아요."

이런 말들은 상대를 높여주는 칭찬이기도 하면서 계속해서 화제를 이어나갈 연결고리 역할을 한다. 이로써 자연스럽게 가족 이야기를 하면서 서로 간의 심리적인 거리를 좁힐 수 있다.

상대가 좋아하는
화제를 찾아라

　잘 모르는 사람과 대화를 나눌 때 어떤 화제로 이야기를 나눠야 할지 걱정이 앞선다. 심지어 오랜만에 만난 친구와 대화를 나눌 때도 상대의 최근 정보를 잘 모르고 있으면 얼마든지 난감한 상황이 생길 수 있다. 아무리 말을 잘하는 사람이라도 어려운 상황이다. 어쩌면 '말하기'는 우리의 평생의 과제인지도 모른다. 특히 낯선 사람과 대화를 나눌 때는 항상 신중한 태도를 유지하며 최대한으로 상대의 정보를 많이 알아내야 한다.

　상대에 관한 기본 정보를 어느 정도 알아낸 다음에는 어떻게 말해야 흥미를 끌고 대화를 이어갈 수 있을까? 아래 세 가지를 꼭 기억하길 바란다.

1. 상대가 중요하게 생각하는 것에 관해 이야기하라.

모든 대화에는 사람들이 보편적으로 생각하고 쉽게 파악할 수 있는 공통분모가 있기 마련이다. 단지 우리가 공부하지 않거나 간과해서 지나칠 뿐이다. 평소에 나는 이런 질문을 많이 받는다.

"처음에는 대화가 정말 순조로웠어요. 근데 뒤로 갈수록 상대방 태도가 변하더니 흐지부지 끝나버렸지 뭐예요? 이유가 뭘까요?"

다음의 예화를 보면 쉽게 이해할 수 있다.

이 과장 "저희 사장님께서 이번 프로젝트 세부사항과 관련해서 부장님과 연락해 상의해보라고 하셨어요."

김 부장(모 기업의 여자 마케팅 담당자) "반갑습니다. 과장님 회사에 관해서는 익히 들어 알고 있어요. 업계 내에서 소문이 자자하거든요."

이 과장 "정말 잘됐네요. 그럼 언제 시간이 괜찮으신가요? 제가 찾아뵙겠습니다."

김 부장 "최대한 평일로 잡는 게 좋을 것 같아요. 주말에는 집에서 애들을 돌봐야 하거든요."

이 과장 "아, 자제분이 있으세요?"

김 부장 "네, 하하. 아들 하나, 딸 하나예요."

이 과장 "그럼 다음 주 월요일은 어떠신가요?"

김 부장 "다음 주는 출장이 잡혀 있어요."

이 과장 "출장에서 언제 돌아오시는데요?"

김 부장 "글쎄요. 아직 잘 모르겠네요. 제가 다시 연락드릴게요."

이는 실제로 있었던 대화 내용이다. 대화 속에는 마음은 급하지만 다소 냉정한 이 과장과 모 기업의 여성 마케팅 담당자 김 부장이 등장한다. 두 사람의 대화는 김 부장의 '아들 하나, 딸 하나' 이후로 급격한 변화가 생겨 냉랭함이 감돈다. 이 과장이 김 부장의 기분을 상하게 했기 때문이다.

이 과장은 점잖게 김 부장의 일정을 물어보았을 뿐, 딱히 실수는 없었다고 생각할지도 모르겠다. 하지만 김 부장 입장에서는 그렇지 않았다. 시작은 좋았다. 김 부장의 관심과 열정을 끌어내 개인적인 정보까지 공유하게 됐다. 그러나 한 여자가 자기 자녀에 관한 이야기를 했을 때 무반응으로 답하는 것은 상대의 '뺨을 때리는 것'과도 같은 행위다. 특히 김 부장이 '아들 하나, 딸 하나'라고 구체적으로 말했을 때는 더욱 그렇다. 이 과장은 "아들딸 모두 있으시니 행복하시겠어요."라든가 "두 아이를 키우면서 이렇게 많은 업무까지 담당하고 계시다니 정말 대단하시네요."라는 식으로라도 간단하게 답했더라면 좋았을 텐데. 그것도 아니면 "그럼 부장님을 뵈러 갈 때 아이들에게 선물할 책을 가져가도 될까요?"라고 물어봤어도 됐다. 만일 이런 식으로 대응했다면 두 사람의 대화가 갑자기 찬물을 끼얹은 것처럼 뚝 끊기는 일은 없었을 것이다.

대화를 나눌 때는 상대가 중요하게 생각하는 것에 관심을 기울여야 한다. 보통 어른들은 건강을, 남자는 사업을, 여자는 자녀를 이야기할 때 대화가 끊이지 않는다.

2. 상대가 자부심을 느끼는 일에 관해 이야기하라.

만나는 사람이 점점 많아지면 몰랐던 한 가지를 발견하게 된다. 바로 사람들이 자신의 이해득실은 꼼꼼히 따지면서 남의 것은 가볍게 여기는 좋지 않은 습관이 있다는 점이다. 그런데 이런 좁은 마음을 버리고, 이득을 취하기 위해 남 앞에서 장황하게 늘어놓던 '내 자랑'을 잠시 멈춰보는 것은 어떨까? 그 대신 남을 더욱 높여주고 그들이 자부심을 느끼는 일에 관해 이야기하도록 독려해주면 이로써 상대는 당신이 남들과는 조금 다르며 참 좋은 사람이라고 생각할 것이다.

대화 상대가 정말 평범하기 그지없어서 진심으로 자부심을 느낄 만한 일이 없다면 어떻게 하냐고 반문할 수 있다. 걱정하지 마시라. 이 세상에 진심으로 자신이 지극히 평범하다고 생각하는 사람은 없으니. 왜냐하면 모든 사람은 인생을 살면서 각자 나름의 역경과 고난을 겪고 이를 극복하고 있기 때문이다. 구체적으로 어디서부터 어떻게 이야기를 시작해야 상대가 자부심을 느끼게 할 수 있냐고 질문한다면 나는 주저 없이 상대의 직업이나 일에 관한 이야기부터 하라고 답한다.

대화 상대가 세관원이라고 가정해보자. 당신은 가르침을 청하는 방식으로 상대에게 그 직업의 가장 어려운 점이 무엇인지 물어볼 수도 있고 '세관원 시험을 통과하는 게 매우 어렵다고 들었다'는 식으로 말을 시작해볼 수도 있다.

이런 화제를 선택하면 당신은 상대에게 익숙한, 그가 잘 알고 있는 영역으로 들어가 대화를 나눌 수 있다. 그러면 상대는 당연히 기분이 좋아질 수밖에 없다. 실제로 그의 직업이 아무리 평범한 것일지라도 거기에 종사하지 않는 외부 사람 앞에서는 '전문가'가 되기 때문이다. 게다가 아무리 평범한 사람이라고 해도 그 일에 관해서는 당신보다 그 사람이 아는 것이 훨씬 많다.

그렇게 이야기를 계속 나누다 보면 상대의 표정은 자신감으로 가득 차고, 전문가 못지않은 느낌을 풍기게 될 것이다. 이렇게 기분이 좋아지면 자연스레 당신을 보는 눈이 달라질 것이며 당신에게 더욱 마음을 열 것이다.

3. 상대가 좋아하는 화제 속에서 기회를 찾아라.

유쾌하고 화목한 대화를 이끌어가는 사람을 보면 그 사람이 얼마나 말을 잘하는지를 명확히 알 수 있다. 그런데 간혹 분위기를 정말 잘 띄우고 말도 재미있게 하는데 사교 능력은 떨어지는 사람이 있다. 왜일까? 이런 사람은 대화를 나누면 상대에게 호감을 남기지만 이야기가 끝나면 그냥 그걸로 끝이기 때문이다. 그러니까 '그다음'

이 없다. 사실 이런 대화는 매우 소모적이다. 우리가 대화를 나누는 목적은 자기 생각을 더욱 잘 표현해 사람을 잘 사귀기 위해서다. 즉 대화는 일종의 수단이며 진정한 목적은 교제에 있다.

다음번 만남을 약속하려면 상대가 흥분하며 이야기하는 화제 속에서 기회를 찾을 수 있다. 예전에 있었던 일이다. 한번은 조금 나이가 있는 파트너에게 식사를 대접하고 싶었다. 하지만 처음부터 식사를 대접하고 싶다는 말을 하면 분명 거절할 것 같았다. 그래서 먼저 우리는 취미생활에 관해 이야기를 나눴다. 그는 평소 낚시를 즐긴다고 했다.

그 말을 듣고 나는 잠시 멍해졌다. 솔직히 말하면 나는 낚시에 관해서는 문외한이었다. 그렇다고 그와 함께 낚시를 하러 갈 수도 없는 노릇이었다. 개인적으로 낚시는 시간 낭비라고 생각하기 때문이었다. 그래도 나는 그에게 어디에서 낚시를 즐기는지 물었다. 마침 그가 말해준 낚시터 근처에 내가 아는 채식 레스토랑이 있었는데 그에게는 안성맞춤이었다. 그래서 나는 다음번에 그 식당에서 만나 함께 식사를 하는 게 어떻겠냐고 먼저 제안했고 그는 흔쾌히 승낙했다.

이렇듯 평범해 보이는 대화 속에서 기회를 찾아 진짜 '말 잘하는' 사람이 되어보라. 이를테면 상대가 평소에 자신이 어떻게 건강관리를 하는지를 이야기하면 좀 더 세세하게 물어보았다가 다음번 만남에서 그에게 부족한 부분의 건강식품이나 의료용 기기를 선물로 주는 것이다. 또는 상대의 자녀가 수험생이라면 당신이 알고 있는 모고등학교의 교사를 함께 찾아가 보는 것도 좋다.

이런 식의 대화와 이야기는 모두 흥미롭고 재미있다. 비록 그 속에 사람을 놀래게 하는 특별한 말이나 행동이 담겨 있지는 않지만 이를 통해 당신도 모르는 사이 진정한 대화의 목적을 달성할 수 있다.

말하기는
기술이 아니라 배려다

"나는 정말 그런 의도에서 한 말이 아닌데 말재주가 없어서 자꾸만 사람들을 화나게 만들어요."

"저는 너무 솔직해서 탈이에요. 다른 사람의 부족한 점을 꼭 지적하고 넘어가야 직성이 풀리죠."

"저는 성격이 안 좋아요. 일단 화가 나면 험한 말이 나오죠. 그런데 화가 진정되고 나면 무슨 말을 했었는지 기억조차 못해요."

혹시 당신 주변에도 이런 식의 고민을 털어놓는 사람들이 있지 않은가? 그런데 내가 보기에 이런 말들은 대화의 에티켓을 지키지 않는 사람들이 둘러대는 핑계에 지나지 않는다. 사실 자신에게 관대한 사람들이 다른 사람들에겐 요구사항이 많다. 그들은 늘 미성숙한 태도로 다른 사람들에게 자신의 부족함을 이해해달라고 강요하면서 잘못은 고치지 않는다. 이는 매우 무책임한 태도다. 이러한 태도는 결국 사람들과의 거리를 멀어지게 하는 요인이 된다.

다음의 세 가지 상황을 통해 말하기의 중요성을 이해해보자. 말하기는 기술이라기보다는 타인을 생각하는 배려에 가깝다.

어느 커플의 대화

말을 잘한다는 것은 상대에게 부담을 떠넘기지 않는다는 것을 뜻한다. 연애 중인 남녀 커플이 있다. 여자가 남자에게 물었다.

"자기는 지금 창업 초창기잖아. 난 이제 앞으로 어떻게 하는 게 좋을까? 지금 자기 상황을 놓고 보면 내가 원하는 삶을 보장해줄 수 없을 것 같아." 이럴 때 남자는 어떻게 대답해야 할까?

☹ **나쁜 말투**

"지금은 나도 돈이 없어. 네가 만족 못 한다면 나도 어쩔 수 없지."

😐 **평범한 말투**

"지금은 초창기라 프로젝트 때문에 계속 돈이 들어가야 해서 그래. 나도 자기에게 미안한 마음이 커."

😊 **끌리는 말투**

"약속해. 조금만 기다려주면 네가 원하는 삶을 선물해줄게. 잠시

만 이 힘든 시기를 나와 함께 견뎌주지 않을래?"

이 세 가지 대화를 통해 우리는 끌리는 말투와 아닌 것의 차이를 분명히 알 수 있다. 아울러 세 명의 '얼굴'과 품성까지 엿볼 수 있다.

먼저 나쁜 말투로 대응하는 사람은 오로지 자기 생각만 하는 사람이다. 이는 상대의 감정과 생각을 선택적으로 무시하면서 창업에 대한 자신의 스트레스와 부담을 상대에게 떠넘기려고 한다. 평범한 말투를 사용하는 사람은 상대가 불만을 가진 걸 알지만 현재의 상황을 바꿔보려는 생각은 없다. 끌리는 말투로 대처하는 사람은 똑똑한 사람이다. 입에 발린 말로 허황되게 미래를 꾸며내지 않으면서 상대를 하나의 '운명 공동체'로 간주했다. 그리고 그 말 속에는 이 관계를 책임지겠다는 약속이 담겨 있다. 평소 그가 품고 있는 포부와 그녀에 대한 배려를 엿볼 수 있다.

부팀장에서 제외된 한 명

이전에 내가 겪었던 일이다. 같이 일하던 팀 안에서 부팀장을 뽑아야 할 일이 있었다. 평소 눈여겨보던 팀원이 두 명 정도 있었는데 그중 한 명만 진급을 시켜야 하는 상황이었다.

나는 그 두 사람을 더욱 주의 깊게 살펴보았다. 그 후 어느 정도 생각을 거친 뒤에 한 사람을 승진시켰다. 그러자 진급하지 못한 나머지 팀원이 나를 찾아와 원망 섞인 목소리로 이렇게 말했다.

"팀장님과 함께 일한 지 3년이 넘었습니다. 팀장님처럼 공정하고 똑똑하신 분이 어째서 입만 살아 있는 사람을 좋아하시는지 모르겠습니다."

물론 성실하고 자발적으로 일을 찾아서 하던 그는 우리 팀의 핵심인물로 꼽히는 사람이었다. 그의 말을 듣고 나자 나는 정말 솔직하게 그와 대화를 나눠보고 싶다는 생각이 들어 이렇게 물었다.

"자네, 박 부팀장에 대해 어떻게 생각하나?"

"저는 결코 제가 그에게 뒤처지지 않는다고 생각합니다. 첫째, 제 실적이 절대 그에게 뒤지지 않고 둘째, 동료와의 관계가 좋기 때문입니다. 그는 여러 차례 팀원들과 충돌이 있었지만 저는 한 번도 없었습니다. 셋째, 그는 말과 생각만 많고 실제로 이뤄낸 것은 별로 없습니다."

그의 이야기를 듣고 나니 평소 과묵한 성격의 그가 얼마나 많은 고민을 하고 나를 찾아와 입을 열었을지 훤히 보였다.

"그런 생각을 한 지 꽤 오래되었지? 그동안 그 생각으로 자신을 많이 괴롭혔겠군."

당당한 자세를 유지하던 그도 내가 이렇게 말하자 조용히 고개를 끄덕였다. 그러고는 내게 박 부팀장을 어떻게 생각하는지 정말 솔직하게 말해달라고 부탁해왔다.

"자네의 업무 능력은 나도 인정하네. 박 부팀장도 자네의 도움 없이는 팀을 잘 이끌어 나갈 수 없을 거야. 그렇지만 나는 박 부팀장이 입만 살아 있는 사람이라고 생각하지 않네. 만일 내가 그래서 그를 승진시켰다고 생각한다면 우리 사이에도 신뢰가 없는 거겠지. 그런데 박부팀장에 대한 자네의 생각을 조금만 각도를 바꿔서 생각해보면 어떨까?

첫째, 두 사람의 실적이 비등하다는 건 박 부팀장의 업무 능력도 자네만큼 뛰어나다는 말이겠지. 둘째, 그가 동료들과 충돌이 있었다는 건 분명 잘못된 일이야. 자네와 오랫동안 함께 일해 온 나는 지금 자네가 얼마나 억울할지 그 누구보다 더 잘 알고 있다네. 평소 자네는 동료와의 충돌을 피하기 위해 많은 경우 자기 생각을 굽히고 기꺼이 더 많은 업무와 스트레스를 짊어졌지. 이런 점에서 봤을 때 자네처럼 인간미를 중시하는 사람은 새로운 업무를 담당하게 되면 더욱 수동적이게 되고 억울한 마음이 커질 거라고 생각했어. 그건 결코 자네에게 좋은 일이 아닐 테지. 셋째, 자네 눈에는 박 부팀장이 평소 이런저런 아이디어를 정신없이 많이 내고 말만 많은 사람으로 보일 테지. 하지만 표현하는 것 역시 일종의 리더십이라네. 얼마 전까지만 해도 나는 그에게 그 아이디어를 프로젝트화할 기회를 많이 주지 않았어. 그가 이 팀의 의사결정권자가 아니었기 때문이지. 그렇지만 그도 이제 리더가 되었으니 팀원들과 함께 더 많은 혁신을 이뤄낼 수 있을 거라 생각하네.

왜냐하면 좋은 리더란 자신의 할 일을 상사에게만 보고하는 사람이 아니라 모든 팀원에게 알려주고 함께 공유하는 사람이거든. 박 부팀장은 평소 이런 종류의 훈련과 연습을 했던 거라고 볼 수 있지. 다만 이렇다 할 기회가 없었을 뿐이고."

그는 차분히 내 말에 귀 기울였다. 그러고는 나의 솔직함에 고마움을 표했다. 배려심이 많은 그는 머리가 빨리 돌아가는 사람이었다. 곧바로 그는 앞으로도 최선을 다해 나와 박 부팀장을 도울 것이며 팀 안에서 긍정적인 역할을 하겠다고 약속했다.

모든 것을 잃어버린 친구

말을 잘한다는 것은 때로 자기에 관한 모든 것을 책임진다는 의미이기도 하다. 내가 아는 한 친구는 한동안 매우 힘든 시기를 겪었다. 들리는 바로는 그의 아내가 집안의 모든 재산을 가지고 몰래 해외로 도주했다고 했으며 그 후 둘은 이혼을 하고 제각기 다른 삶을 살고 있다고 했다.

나를 포함한 몇몇 친구들이 그를 만나 술을 마셨지만 아무도 그 일에 관해 먼저 말을 꺼내려 하지 않았다. 그런데 오히려 그 친구가 아무렇지 않다는 듯 먼저 담담하게 이야기를 꺼냈다.

"요즘 힘들긴 했어. 그래도 걱정하지 마. 재정적으로 손해 본 건 없으니까. 나에게 일어난 일을 스스로 해결할 능력 정도는 있어."

그의 말에 다들 마음을 놓았다. 하지만 그날 밤 친구는 술에 잔뜩 취한 채 우리 집에 찾아와 비통한 눈물을 흘렸다. 그날 나는 그가 모든 재산을 잃었다는 사실을 알게 되었다. 그가 받은 상처와 아픔은

긴 시간이 지나야만 해결되는 것이었다.

다음 날 아침, 나는 일단 그가 당장 급한 불을 끌 수 있도록 돈을 조금 빌려주었다. 그리고 다른 어떤 말도 하지 않고 떠나는 그를 배웅했다.

그 일을 겪으면서 나는 그 친구가 분명히 다시 일어설 수 있으리라는 것을 예감했다. 왜냐하면 인생의 가장 밑바닥에서도 그가 냉정함과 이성을 유지했기 때문이다.

가장 실의에 빠져 있을 때도 그는 여전히 '말을 잘하는' 사람이었다. 때로는 모든 일을 전부 말하지 않는 것도 말을 잘하는 것에 속한다.

그의 친구들은 그의 고객이기도 했다. 그런 일이 생겼다는 걸 알게 되면 고객들의 신뢰가 흔들릴 수밖에 없다. 그렇게 되면 그를 도와주기보다는 오히려 더 큰 압력을 넣게 될 게 분명했다. 하지만 그는 친구들에게 거짓말을 하거나 사실을 은폐하지 않았다. 그래서 사람들은 그가 겉과 속이 똑같은 사람이라고 생각했다. 그는 자신의 상황을 부정하지도 않았다. 그렇게 모든 사람을 자신의 친구로 만들었다. 그리고 마지막에 자신을 도와줄 수 있는 사람을 찾아왔다. 그러니까 당시 수중에 돈이 조금 있던 나를 찾아와 자신의 상황을 솔직하게 털어놓았던 것이다. 나는 그를 신뢰했고 그가 어려움을 극복하도록 도와주고 싶었다.

이런 관점에서 보자면 말을 잘하는 사람은 곧 생활력이 강하고 삶을 지혜롭게 개척해 나갈 수 있는 사람이다. 그들은 말로써 자기에게 유리한 상황을 만들어내고 이익을 얻어낸다. 또 실의에 빠져 있거나 슬럼프에 빠졌을 때 말로써 자신의 권리를 지키고 자신과 타인에게 힘을 준다.

부탁할 때는
작은 몸짓을 함께한다

누군가와 대화를 나눌 때 상대는 당신의 머리부터 발끝까지 몸짓을 관찰한다. 당신은 미처 주의를 기울이지 못한 작은 동작일지라도 상대는 그것을 기억한다.

누군가와 얼굴을 마주하고 대화를 나눌 때는 '무슨 말을 했는지'와 동시에 '무슨 동작을 했는지'가 매우 중요하다. 그렇다면 어떻게 당신의 말과 행동을 잘 매치해 상대에게 일관적이면서도 긍정적인 메시지를 전달할 수 있을까? 특히 상대에게 도움을 청해야 할 때 작은 몸짓은 더욱 필요하다.

1. 상대의 몸짓을 따라 하면 호감을 줄 수 있다.

분별없이 아무 행동이나 따라 하라는 말이 아니다. 상대가 코를 비비는데 당신이 그 행동을 똑같이 따라 한다면 호감은커녕 놀리는 것으로 오해를 살 수 있다.

상대의 마음을 사로잡을 수 있는 몸짓 따라 하기는 어떤 게 있을까? 사실 모든 사람은 대화를 나누는 상대가 자신과 똑같은 '주파수'를 사용하길 원한다. 구체적인 방법은 이러하다. 상대가 와이셔츠 윗부분의 단추를 푸는 등 편안한 상태라면 당신 역시 소파에 기대어 상대와 똑같은 편안한 상태와 감정을 느끼고 있음을 알리는 것이 좋다. 상대가 만일 팔짱을 끼거나 손으로 머리를 괴고 생각에 빠져 있다면 그에게 조금 가까이 다가가 미간을 찌푸리는 등의 행동으로 당신 역시 고민에 빠져 있다는 신호를 준다. 상대와 같은 정서 상태가 되므로 상대에게 당신이 진정으로 그와 대화를 '공유'하고 있다는 느낌을 준다.

2. 주변 환경을 잘 이용한다.

부탁할 때, 마음이 간절하다고는 하지만 강요하듯이 '넌 나를 도와줘야 해'라는 식으로 말한다면 상대는 어떤 느낌일까? 거부감부터 들 것이다. 먼저 편안한 환경을 조성해 말할 시간을 확보하는 게 좋다. 가령 상대를 아주 푹신하고 편안한 소파에 앉히는 것이다. 소파가 아주 푹신하고 편안하다면 몸을 일으키기가 쉽지 않아서 무의식중에 당신의 이야기를 조금 더 듣게 된다.

'조금 더 듣는' 이 시간을 놓치지 않는다. 보통 장편소설을 읽을 때 반전 인물에 대한 묘사가 많을수록 그 인물을 더욱 많이 이해하고 파악할 수 있지 않는가.

이야기를 나누기 전 상대가 앉은 자리에서 보이는 풍경을 관찰해 보는 것도 좋다. 방 안에서 이야기를 나눌 때 상대의 시야가 트여 있다면 마음도 편안해진다. 반면 시끌벅적한 식당 안에서 부탁한다면 주변에 움직이는 사람들에게 상대의 시선과 마음을 뺏겨 이야기에 귀 기울이게 하기 힘들다.

마지막으로 자신의 위치를 상대보다 조금 낮게 잡는 것도 좋다. 이로써 상대가 당신을 조금 밑으로 내려다볼 수 있게 하는 것이다. 그러면 상대는 무의식중에 자기가 주도권을 잡고 있다는 생각을 하게 되어 내면의 우월감을 만족시켜줄 수 있다. 이렇게 해서 기분이 좋아지면 조금 더 쉽게 승낙을 받아낼 수 있다.

3. 내면의 풍부한 감정을 전달한다.

동작에는 감정이 담겨 있다. 연기자들은 감정을 표현하기 위해 작은 동작들을 사용한다. 예를 들어 한 남자 주인공이 자신이 사랑하는 여자의 머리카락을 만지는 연기를 할 때는 긴장되면서도 쑥스러운 마음을 표현하기 위해 손가락을 미세하게 떨기도 한다.

말하기도 마찬가지다. 보통 사람들은 말이 빠른 사람은 영업을 해야 한다고 하는데 꼭 그런 것만도 아니다. 내 친구는 회사 내에서 '판매왕'으로 불린다. 그런데 그는 말이 빠르지 않다. 오히려 잘 들어보면 가끔 말을 더듬기까지 한다. 하지만 고객들은 이런 단점이 오히려 그의 전체적인 이미지와 잘 어울린다고 생각한다. 성실하고 후덕한 그의 이미지에 더해져 거짓말로 사람을 꾀어낼 일은 없을 것 같은 느낌을 주기 때문이다.

텔레비전 프로그램의 MC 중에도 이런 사람이 있다. 외모도 특출하지 않고 특별히 말재주가 있다거나 심지어 반응이 빠른 것도 아니다. 그런데도 인기가 높다. 공격적이지 않아 시청자들에게 편안함을 주고, 어디 한쪽으로 치우치지도 않아 모든 패널을 고루 배려하는 사회자의 이미지와 느낌이 있어서다.

부탁할 때는 이런 느낌이 필요하다. 물론 말을 일부러 더듬을 필요는 없다. 하지만 대화 중에 '쉼표'를 적절히 사용해 속도가 너무 빨라지지 않도록 조절한다. 이렇게 하면 최소한 두 가지 효과를 볼 수 있다. 당신이 지금 매우 미안하지만 용기 내서 말하고 있다는 느낌과 또 다른 하나는 긴장한 상대의 마음을 누그러뜨려 당신의 부탁을 좀 더 쉽게 승낙하게 만든다는 것이다. 예를 들어보자.

"부탁이 하나 있는데, 가능한지 모르겠어요."
"말씀하세요."
(바로 말하지 않고 잠시 뜸을 들였다가 말한다.)
"음….'
(이 말을 들은 상대는 긴장해서 말한다.)
"괜찮아요. 어서 말씀해보세요."

"이번 주말에 저와 함께 영화 보실래요?"

상대는 당신에게 상처를 주어서는 안 되겠다는 생각을 하게 된다. 이런 대화법은 상대의 마음속에 좋은 이미지를 남기기 때문에 이런 부탁으로 관계가 깨지기보다 오히려 호감을 높일 수 있다.

재치와 유머 감각은
이야기의 꽃

모임에 가면 우리는 으레 재치 있고 유머 감각이 있는 사람에게 끌린다. 오랜 관찰 끝에 나는 재미있는 사람들의 비밀을 밝혀냈다. 보통 그들이 내뱉는 첫마디는 유쾌하고 특별하다. 첫마디로 상대방을 사로잡으면 그 사람을 집중시킬 수 있고 이어서 더 많은 매력을 발산해 상대를 매료시킬 수 있다.

한번은 친구의 생일파티에 초대를 받아 간 적이 있었다. 거기서 눈길을 끄는 한 여성이 있었다. 그녀의 주위를 둘러싸고 있는 사람들에게서는 쉬지 않고 유쾌한 웃음소리가 흘러나왔다. 그중 한 사람이 그 여성에게 아직 싱글이냐고 묻자 그녀는 이렇게 대답했다.

"저처럼 단점이 많은 사람은 단점이 하나도 없는 남편을 찾아야겠죠? 그래야 보완이 될 테니까요."

그녀를 둘러싼 사람들, 특히나 여자들은 모두 그녀가 '헛된 꿈'을 꾸고 있다고 웃으며 말했다(아마 다들 속으로는 '꿈도 크셔!'라고 생각했을 것이다). 그러자 그녀가 대답했다.

"저는 젊고 돈도 많고 마음도 넓고 쿨한 남자를 원해요. 거기에 다정하고 매력도 넘쳐야 하죠."

그녀의 말에 남자들은 모두 절레절레 고개를 저었다(아마도 남자들은 '그럼 외계인 중에 찾아보세요.'라고 생각했을 것이다). 그러자 그녀는 잠깐 말을 멈추더니 이어서 한마디를 더했다.

"그래서 제가 여태 혼자잖아요!"

그 말에 사람들은 웃음을 터뜨렸다(사람들은 '이제야 좀 상식에 맞는 얘기를 하는군.'이라고 생각했을 것이다. 하지만 호탕하고 밝은 그녀의 표정을 보며 사람들은 방금 그녀가 참 솔직하다는 사실을 인정했다. 사실 누군들 그런 완벽한 배우자를 만나고 싶지 않겠는가!).

사람들은 조금 전 그녀가 눈이 너무 높다고 오해한 마음을 내려놓았다. 그중 한 명이 그녀에게 계속 말을 걸면서 평소에 즐겨 하는 일에 대해 물었다. 그러자 그녀가 또 한 번 재치 있게 대답했다.

"그래서 저는 지금 모든 에너지를 회사 제품 개발에 쏟고 있어요. 완벽하게 만들어낸 제품은 순순히 제 말을 잘 따라주고 저한테 밥 해 달라, 빨래해 달라, 애를 낳아 달라 말하지 않거든요."

그녀의 말이 끝나기가 무섭게 그곳에 있던 사람들이 박장대소를 터뜨렸다. 그 후로 사람들은 먼저 그녀를 찾아가 인사를 나누었고 함께 일해 보는 것이 어떻겠냐고 제안하는 사람도 있었다.

그녀는 그날 그 행사의 '스타'가 되었다. 파티에 참석한 거의 모든 사람이 그녀와 인사를 나누고 이야기를 나누고 싶어 했다.

말하기의 기술이라는 관점에서 봤을 때 그녀는 분명 끌리게 말할 줄 아는 사람이다. 시시하고 평범한 화제에 재미를 더해 흥미롭게 풀어냈기 때문이다. 그녀는 솔직하게 자기를 소개하면서도 자신에 관한 정보를 군더더기 없이 알려주었다. 농담과 자기 희화를 통해 사람들의 마음을 움직였고 일상적인 화제로 자신을 알아가게 만들었다. 사람들이 하나둘 관심을 보이자 이어서 자기의 직업을 소개했다. 자칫 딱딱한 화제가 될 수 있는 일에 관한 이야기는 조금 전에 얘기했던 주제들과 연결시켜 말함으로써 자연스럽게 정보를 이어주면서 깊은 인상을 남겼다. 이토록 자유자재로 이야기를 이끌어 사람들에게 계속 대화를 나누고 있다는 느낌을 주었지만, 실제로 이미 그녀는 자신의 '1인 브랜드'를 성공적으로 홍보한 셈이었다.

재미있는 친구를 많이 사귀고 그들과 대화를 나누고 싶은가? 그렇다면 먼저 자기와 다른 사람 사이에 있을 수 있는 평범한 이야깃거리를 질문으로 만들어낸 다음 거기에 재미와 유머를 가미해보자. 그 질문에 상대가 대답하는 과정에서 둘의 관계가 가까워지고 자신을 더욱 재치 있게 드러낼 수 있을 것이다.

상사의 마음을 움직이는 말하기

말을 잘하는 사람은 평범한 것을 평범하지 않은 것으로 만들어내는 재주가 있다. 그래서 막내 평사원이라도 말을 잘하면 상사의 마음을 움직일 수 있다. 엘리베이터에서 상사와 잠시 마주쳤을 때 "어제저녁에 뉴스에 나온 경제학자의 관점이 대표님의 생각과 똑같았습니다."라고 말하면 상사의 호기심을 자극할 수 있다. 그러면 대부분의 상사는 이렇게 묻는다. "뭐라고 말했는데요?" 그렇게 상사와 더 많은 이야기를 나눌 기회를 잡을 수 있다.

영업사원이라면 대화를 시작할 때 "1분만 시간을 내주세요."라고 말할 수 있다. 그러면 대부분은 거절하지 않는다. 그 1분 동안 고객의 주의를 끌 수 있는 말을 잘 심어놓으면 다음번 방문 시 상세한 설명을 덧붙일 수 있다.

업무 보고를 할 때 상사가 시간이 충분하지 않다면 간단명료하게 진행할 수밖에 없다. 이때 모든 내용을 일일이 다 설명하려고 하지 않아도 된다. 평소 친구들과 대화를 나눌 때를 생각해보자. 짧은 몇 마디 안에 말하고 싶은 모든 정보를 전부 집어넣을 수는 없다. 보고하는 내용의 중점 사항은 반드시 재미있고 풍부해야 하며 상대의 호기심을 자극할 수 있어야 한다.

간혹 너무 '정직한' 젊은 친구들이 융통성 없이 완전히 상대가 말한 규칙에 따라 일을 처리하는 모습을 보인다. 예전에 한 젊은 사원은 내게 업무 보고를 위해 3분 동안 시간을 달라고 하더니 정말 그 시간 안에 후다닥 보고를 끝내버렸다. 사실 나는 30분을 내줄 의향도 있었는데 나중에 그 사실을 미리 말하지 않은 걸 후회했다. 정말 3분간 속사포같이 쏟아내는 그의 '랩'을 멍하니 듣고만 있어야 했다. 그 보고의 핵심이 뭐였는지는 잘 모르겠다. 하지만 아직도 기억나는 건 숨 쉬는 건 잊지 말고 말하라고 일러줘야 하는 건 아닌가 하는 생각이 들 정도로 말이 빨랐다는 것이다. 더 아쉬웠던 건 그가 3분도 채 되기 전에 할 말을 다 마쳤다는 점이었다.

이런 관점에서 보면 말하기라는 것이 얼마나 많은 공부와 훈련이 필요한지 알 수 있다. 아무리 머리가 뛰어나고 말을 잘한다고 해도 '나는 말하기와 표현력에 아무런 문제가 없다'고 자신 있게 말할 수 있는 사람은 드물 것이다. 나부터도 대학 시절부터 말하기 스킬을 체계적으로 공부하고 지금까지 주요 업무로 삼고 있지만, 아직도 종종 내가 정말 말을 잘하고 있는지 걱정될 때가 많다.

사실 재미가 없거나 상대를 잘 이해시키지 못하는 말, 혹은 속도가 너무 빠른 말은 문제가 되지 않는다. 진짜 문제는 우리 스스로 '나는 말을 참 잘한다'고 착각하는 데 있다. 그래서 나는 다른 사람과 이야기를 나눌 때 아무리 내가 말을 잘했다고 느껴도 습관적으로 그 자리에 있는 다른 사람에게 화제를 넘겨 그것을 보충하도록 만든다. 혹시나 내가 화제를 마무리 지어서 사람들이 난감해하는 일이 없도록 말이다.

위로를 하려면
상대의 마음을 끄집어내라

상심해있는 누군가를 보면 당신은 조용히 그 자리를 비켜주는 가? 아니면 다가가 위로의 말을 건네는가? 만일 상대를 위로한다고 한 말이 오히려 더 큰 상처를 준다면 차라리 조용히 자리를 비켜주 는 편이 훨씬 낫다.

그렇다면 수없이 많은 갈등 속에서 우리는 어떻게 반응해야 할까?

상대가 많은 걸 말하고 싶어 하지 않을 때는 원인을 캐묻지 말아 야 한다. 정보 역시 일종의 자원이기 때문이다. 상대에게 왜 그러느 냐, 이유가 뭐냐 하나하나 캐묻는 행동이 그에게는 압박이 될 수 있 다. 심지어 자신이 연약할 때를 이용해 당신이 기회를 잡으려 한다 고 오해할 수도 있다.

아픔을 호소할 때

많은 사람이 '내가 더 비참'하다는 식으로 대응해야 상대의 마음을 풀어줄 수 있다고 오해하는데 이는 착각이다. 사실 이것은 매우 낮은 수준의 대화법이다. 여기서 세 가지 단계별 대화법을 살펴보자.

😖 **나쁜 말투**

"오늘 기분이 별로예요."

"왜요?"

"이 회사에서 제가 별 가치 없는 사람처럼 느껴져요."

"사실 저도 그래요. 이 회사에서 저는 아무런 쓸모가 없는 것 같은 느낌이 들죠. 다른 사람들은 실적도 좋고 모두 뛰어나잖아요. 사람들이 저보다 훨씬 뛰어나다는 생각을 하면 어떻게 해야 할지 정말 모르겠어요. 그래서 얼마 전에는 다른 회사에 이력서도 넣었어요."

"네?!"

🙂 **평범한 말투**

"오늘 기분이 별로예요."

"왜요?"

"이 회사에서 제가 별 가치 없는 사람처럼 느껴져요."

"사실 저도 예전에는 그런 생각이 들었어요. 나보다 다른 사람이 훨씬 뛰어난 것 같고 심지어 내 실적만 형편없는 것처럼 느껴졌죠. 하지만 그 힘든 시기를 잘 견뎌낸 지금은 괜찮아요."

"어떻게 이겨내셨어요?"

"매일 업무 일기를 썼어요. 매일매일 아주 작은 것이라도 성장했다고 느낀 것은 모두 기록했죠. 그렇게 하다 보니 나를 다른 사람과 비교하지 않고 자신과 비교하게 되었어요. 조금씩이지만 매일같이 어제보다 성장한 나를 보니 마음이 안정되었어요. 오늘 다른 사람이 해낸 일은 노력하면 나도 내일 해낼 수 있다는 믿음이 생기기 시작했죠."

"와! 정말 멋져요! 저도 그렇게 한 번 해봐야겠네요."

😊 끌리는 말투

"오늘 기분이 별로예요."

"왜요?"

"이 회사에서 제가 별 가치 없는 사람처럼 느껴져요."

"아니, 왜 그런 생각이 들었어요?"

"우리 부서의 다른 팀원들과 저를 비교해봤더니 그들의 업무량이 저의 3배 정도는 되더라고요. 그런데도 제 근무시간은 누구보다 길어요. 저는 주말에도 잔업을 하고 심지어 제 돈을 들여가며 외부에서 열리는 여러 업무 관련 특강에도 참석하거든요. 그런데도 별 효과가 없어요. 이러다간 얼마 못 가 지쳐서 나가떨어지고 말 거예요."

"와! 정말 대단하신데요? 그렇게 바쁜 와중에 자기계발을 위해 시간을 내는 사람은 많지 않아요. 당신이 지금 공부한 것들을 나중에 사용할 기회가 반드시 올 거예요. 자신을 다른 팀원들과 비교하는 건 좋지 못한 방법 같지만 어쨌든 당신은 다른 사람들에게 뒤지지 않아요. 생각 안 나요? 다들 이 회사에 취직하고 얼마 안 돼서 정신없이 바쁘게 지낼 때 당신은 참 적응을 잘했죠. 게다가 업무적으로도 좋은 성과를 보였어요. 당신은 앞으로 점점 더 좋아질 거예요. 내 말을 못 믿겠으면 매일 업무 일기를 한 번 적어보세요. 그럼 당신과 동료들 간의 차이가 점점 좁혀지고 있다는 사실을 발견할 수 있을 거예요. 당신은 지금 더욱 강해지고 있는 거예요!"

나쁜 말투가 위험한 이유는 '내가 더 비참'하다고 말하려다 자신의 정보를 너무 많이 이야기할 수 있기 때문이다. 게다가 이런 부정적인 생각은 위로가 필요한 사람에게 결코 좋은 영향을 주지 못한다. 어쩌면 그 당시에는 상대가 자기와 당신이 같은 늪 안에 빠졌다고 생각하고 친근감을 느낄 수 있지만 시간이 지나 위기를 넘기고 나면 당신이 별것 아닌 사람처럼 느껴져 무시당할 수 있다.

평범한 말투는 나쁜 말투보다는 어느 정도 수준이 올라갔다. 이로써 상대의 기분을 풀어주고 화제를 돌릴 수 있었으며 합리적인 제안을 할 수 있었다. 그러나 이런 대화법으로는 상대가 '당신 정말 대단하네요.', '당신이 저보다 한 수 위로군요.'라는 말밖에 하지 못하게 한다. 그리고 은연중에 상대에게 당신을 보고 배우라는 뜻을 내비치는 것이 되기도 한다. 그런데 한 가지 알아둬야 할 것은 위로가 필요한 사람은 자존감이 낮아진, 감정이 매우 취약한 상황이다. 이런 충고는 늪에 빠진 사람을 보고 당신이 땅 위에 선 채로 "거기서 나와요! 식은 죽 먹기예요! 나는 거기서 단번에 빠져나왔어요!"라고 외치는 것과 같다. 겉으로 보기에는 이런 위로가 문제가 없는 것 같지만 이는 두 사람의 관계를 좁혀주는 데 아무런 역할을 하지 못한다.

끌리는 말투의 장점은 상대에게 '사실 발아래에는 늪이 없어요. 그리고 당신은 매우 훌륭한 사람이에요.'라고 일깨워주어 자신감을 회복할 수 있도록 도와준다는 점이다. 아무리 어렵고 복잡한 상황이라도 결국에는 자신 스스로 극복할 수 있도록 자신감을 북돋아주고 방법을 찾게 도와주어야 한다. 상대방이 자신감을 되찾으면 당신이 제안한 방법이 쓸모 있든 없든 긍정적인 마음으로 시도할 것이다. 설령 그 방법이 소용없는 것이라고 해도 당신에게는 여전히 고마운 마음을 품을 것이며 다른 방법을 찾아 자기의 목표를 이룰 것이다.

속상하다고 고민을 털어놓을 때

😟 나쁜 말투
"오늘 남편이랑 싸워서 기분이 안 좋아."

"왜 싸웠는데?"

"남편 여동생이 우리 집에 와서 한동안 머물겠다고 하는데 내가 대답을 안 했거든."

"뭐? 네 남편 정말 너무했다. 자기가 뭐라고 너 대신 그런 결정을 해? 너를 너무 무시하는 거 아니니?"

😐 평범한 말투

"오늘 남편이랑 싸워서 기분이 안 좋아."

"왜 싸웠는데?"

"남편 여동생이 우리 집에 와서 한동안 머물겠다고 하는데 내가 대답을 안 했거든."

"아…. 그럼 남편한테 그건 안 되겠다고 직접 얘기하는 게 어때? 싸우지는 말고."

😊 끌리는 말투

"오늘 남편이랑 싸워서 기분이 안 좋아."

"왜 싸웠는데?"

"남편 여동생이 우리 집에 와서 한동안 머물겠다고 하는데 내가 대답을 안 했거든."

"아이고, 네 남편도 분명 불편할 걸 알면서도 네가 마음이 넓은 사람이니까 그러라고 했을 거야. 물론 아무리 마음이 넓은 사람이라도 받아들이기 힘든 일이 있기 마련이지. 그러니까 남편은 남편 대로, 너는 너대로 서로의 생각을 솔직하게 얘기해보는 게 어떨까? 남편 여동생이 꼭 너희 집에서 지내야 하는지, 얼마나 있을 예정인지, 만약에 꼭 있어야 하는 상황이라면 세 사람이 어떻게 해야 서로의 삶에 방해받지 않으면서 살 수 있을지 이런저런 얘기를 하다 보면 네 남편도 그게 얼마나 번거로운 일인지 깨닫고 같이 지내는 건 적절하지 못하다고 생각할 거야."

나쁜 말투는 본질적인 인간관계를 잘 파악하지 못한다는 데 문제가 있다. 특히 부부관계에서는 문제를 비판하는 모든 제삼자가 그저 '외부인'일 수밖에 없다. 상대는 지금 자기와 가장 친밀한 사람과의 갈등을 당신에게 호소하고 있다. 그런데 이 대화법은 갈등을 더욱 심화시켜 관계를 멀어지게 만들고 상대와 자신 모두를 위험에 빠트릴 수 있다.

평범한 말투는 당장 눈앞에 있는 상대를 보호해주기 위해 겉으로는 그의 배우자를 비난하지 않고 직접 얘기해보라는 방법을 제시한다. 하지만 상대가 진정으로 문제를 해결하는 데 어떤 역할도 하지 못한다. 사실 위로를 원하는 사람도 싸움이 좋지 않다는 사실을 모르는 게 아니다. 그저 자신과 가장 가까운 사람과 의견이 맞지 않는다는 점이 속상해 기분이 안 좋은 것뿐이다. 나아가 남편에게 자기 생각을 정확히 말하지 않은 것도 남편의 부탁이 너무 갑작스럽고 받아들이기 힘들어서였고 그렇게 갈팡질팡하다 보니 싸움으로 번진 것이다. 결론적으로 평범한 말투에서도 방법을 제시하긴 했지만, 상대에게는 도움이 되지 못했다.

끌리는 말투의 장점은 여러 상황을 골고루 살핀다는 점에 있다. 여기에서는 남편과 아내, 남편의 여동생이 모두 좋은 사람이며 세상 모든 일은 해결할 방법이 있다는 점을 짚어주고 있다. 이런 대답은 위와 같이 불리한 상황에서 상대의 마음을 편안하게 할 뿐 아니라 권유와 위로의 방식을 통해 단계적으로 남편과 대화를 나눌 수 있게 도움을 준다.

동료가 상사에게 혼났을 때

😫 **나쁜 말투**

"오늘 팀장님한테 혼나서 기분이 너무 안 좋아."

"왜 혼났는데?"

"나보고 일을 열심히 하지 않는대."

"우리 팀장이 워커홀릭이잖아. 늘 자기 기준을 다른 사람에게까지 들이댄다니까! 꿈도 크시지!"

🙂 **평범한 말투**

"오늘 팀장님한테 혼나서 기분이 너무 안 좋아."

"왜 혼났는데?"

"나보고 일을 열심히 하지 않는대."

"하여간 팀장은…. 에잇!"

😊 끌리는 말투

"오늘 팀장님한테 혼나서 기분이 너무 안 좋아."

"왜 혼났는데?"

"나보고 일을 열심히 하지 않는대."

"너에 대한 기대가 높은가보다."

나쁜 말투는 자기가 완전히 상사의 반대편에 서서 불만을 토로하면서 상대까지 그 자리에 함께 세우고 있다. 그런데 어떤 회사든 상사는 조직의 소중한 자원과 같다. 빨리 성공하고 싶은 사람이라면 어떤 상황에서든 최대한 상사에게 밉보이는 일은 하지 않는 것이 좋다.

평범한 말투는 동료와 같은 입장에 서서 얘기하고 있다. 마지막 탄식으로 말을 아끼면서 직접 상사를 비난하지는 않았지만, 여기에는 충분히 비난의 뜻이 포함되어 있다.

끌리는 말투는 상대의 부정적인 정서를 긍정적이고 적극적인 에너지로 바꾸었다. 또 상대를 칭찬하면서 상사는 욕하지 않음으로써 상황을 긍정적으로 마무리 지었다.

사과할 때와
하지 말아야 할 때

살다 보면 주변 사람들에게 사과를 해야 하는 상황이 심심치 않게 발생한다. 다음의 세 가지 상황에서 어떻게 사과하면 좋을까?

상대를 곤란하게 하거나 마음을 상하게 했을 때

사실 이 경우는 문제의 크고 작음을 막론하고 용서하지 못할 일이 없다. 형식적인 사과를 했을 때만 빼고.

사람들에게 '미안하다'고 말하는 것은 일종의 심리 테스트와 같다. 정말로 자신이 상대에게 상처를 주었다고 생각하지 않는다면 각종 이유와 변명을 둘러대거나 근본적인 문제는 해결하지 않은 채 눈앞에 벌어진 상황만 무마시키는 데 급급할 수 있다. 실제로 이러한 생각은 말에 고스란히 묻어난다.

"미안해. 그런데 고작 20분밖에 늦지 않았잖아. 왜 그렇게 화를 내는 거야?"

"그렇게 화낼 필요는 없지 않아? 내가 미안하다고 했잖아."

"아직도 그 일로 꽁해 있는 거야? 그건 내가 잘못했다 쳐."

한눈에 보기에도 이런 말들에는 사과의 진정성이 느껴지지 않는다. 할 수 없이, 억지로 사과하고 있다는 것을 몇몇 단어를 보면 알수 있다. 특히 첫 번째 문장과 같은 경우는 기분을 풀어주기는커녕 비난 섞인 말투로 상대를 질책해 오히려 더 화나게 할 수 있다.

진정한 사과는 정말 필요할 때 '미안하다'고 말하는 것이다. 특히 친밀한 관계에서는 더욱 그렇다. 가령 배우자와 다퉜을 때, 무조건 먼저 '미안해'라고 말하는 것보다는 '문제가 뭔지 우리 같이 생각해보자'라고 말하는 게 좋다.

대개 배우자는 이러한 부탁을 거절하지 않는다. 일반적으로 사람들은 상대에게 미안하다는 말보다는 '다음부터는 이런 일로 널 화나게 하지 않을게'와 같은 말을 듣고 싶어 하기 때문이다.

그다음에는 상황을 차근차근 정리해보자. 이런 방법으로 상대의 마음을 진정시키고 갈등이 심화되는 것을 막을 수 있다. 상대가 자신의 불만을 토로하기 시작하면 그것은 좋은 신호이다. 두 사람이 이성을 되찾았다는 의미이기 때문이다.

계속해서 '사과의 영역'에 머무를 필요는 없다. 오히려 주동적으로 상대가 느낀 감정과 그가 보인 태도에 관해 자세히 물어봐도 괜찮다. 이를 통해 도대체 그가 어떤 사람이고 어떤 부분에서 분노를 느끼는지 알 수 있다.

자세한 질문에 상대는 이렇게 대답할 것이다.

"네가 늦었잖아. 20분이나 기다렸단 말이야. 그래서 짜증이 났어."

"너는 항상 일이 우선이야. 일 때문에 우리 약속을 자주 어기잖아."

"늦었다는 걸 알면서도 왜 버스를 타고 오는 거야? 택시를 탔어야지."

이로써 두 사람이 중요하게 생각하는 포인트가 다르다는 사실을 알 수 있다. 첫 번째 문장은 상대가 시간 약속을 매우 중시한다는 걸 알 수 있다. 두 번째는 상대가 일보다는 자기와의 관계를 더욱 중시해주었으면 하는 마음이 있다는 걸 알 수 있다. 세 번째는 두 사람의 소비관에 차이가 있음을 짐작할 수 있다.

직장에서 사과해야 할 때

직장에서 벌어진 일에 사과해야 할 때는 이해관계에 주의를 기울여야 한다. 때로는 미안하다고 말하지 않는 게 좋을 때도 있다. 사과를 했다가는 오히려 상황을 더욱 악화시킬 수도 있다.

오래전, 내가 막 진급을 했을 때 있었던 일이다. 우리 팀에 어린 남자 사원이 한 명 있었다. 그는 업무 시간에도 손에서 휴대폰을 놓을 줄 몰랐다. 심지어 가끔 휴대폰 게임을 하느라 내가 옆에 왔는지도 모를 때가 있었다. 그럴 때는 그의 책상을 두드려 인기척을 내야 했다. 처음에는 그도 조심하며 주의를 기울였지만 시간이 흐르면서 그의 마음이 완전히 콩밭에 가 있는 게 보였다. 업무 시간에도 계속 게임을 하느라 집중하지 못했고 맡은 일을 제대로 해내지 못해 다른 팀원들에게 불편을 끼치기 일쑤였다. 나중에 따로 그를 불러 얘기를 해보니 그는 사적인 문제가 있는데 그걸 해결하지 못해 마음이 어지럽다고 했다. 뒤이어 있었던 인사고과에서 그는 낮은 평가를 받았고 결국 회사는 그에게 해고 통지를 내렸다. 나는 딱히 회사의 결정을 만류하지 않았다.

그가 해고통지를 받은 그날 밤, 나는 한 통의 전화를 받았다. 시골에서 걸려온 그의 어머니의 전화였다. 알고 보니 그의 집안에 정말로 좋지 않은 일이 있었다. 부모가 이혼을 하면서 얼마 있지도 않던 재산을 두고 대판 싸움이 벌어졌던 것이다. 어머니는 수화기 너머로 자신의 유일한 희망은 하나밖에 없는 아들이라며 대성통곡을 했다. 아들이 대도시로 나가서 좋은 직장에 들어간 것이 자기에게 큰 위로가 됐었는데 자신이 결혼을 잘못한 탓에 아들이 최근 몇 년간 정신적으로 매우 힘들었다고 설명했다. 나아가 자신의 아들은 참 착한 아이인데 다만 너무 내성적이고 말수가 적어 가끔 사람들에게 미움을 사기도 하니 상사인 내가 한 번만 더 기회를 주었으면 좋겠다고 부탁했다.

울며불며 애원하는 노모의 부탁을 듣자 나도 마음이 약해졌다. 그래서 오랜 시간 전화를 붙들고 이야기를 들어주면서 어쨌든 내 입장에서 그녀를 위로하고자 노력했다.

먼저 나는 그녀에게 아들이 회사의 인사고과를 통과하지 못했다는 사실을 알려줬다. 모든 사람이 똑같은 시스템으로 평가를 받고 채용되기 때문에 그만을 위한 시스템을 따로 마련해 줄 수 없다는 사실을 말해주었다. 물론 아들이 평소 됨됨이가 착해 사람들과는 마찰 없이 잘 지냈다는 말도 덧붙였다.

두 번째로 최근 아들의 상태가 매우 좋지 않았고 일에 통 집중하지 못한 사실을 알려줬다. 과거에는 업무시간에 휴대폰 게임을 할 때 충고를 주면 개선하려는 태도를 보였지만 최근 들어 분명히 권고를 했음에도 여전히 고개를 숙인 채 게임에만 몰두했다고 말해주었다. 아마도 자신을 통제하기 힘든 상황인 것 같다고 이야기했다.

세 번째로 그녀가 사는 작은 도시에서는 성인 남자가 바깥이 아닌 사무실 안에서 일하는 직업을 찾기 힘들겠지만, 대도시일수록 비슷한 직장을 찾을 기회가 훨씬 많다고 말해주었다. 그러니 아들이 우리 회사를 나가더라도 능력을 잘 계발하고 마음을 잘 잡아 적극적인 태도를 보인다면 지금과 비슷한 직장을 찾는 건 어렵지 않을 거라고 위로했다.

하지만 그녀는 포기하지 않고 자기가 아들에게 준 상처에 관해 고집스럽게 이야기했다. 그러고는 계속 울면서 내가 자기를 도와 아들을 꼭 다시 회사로 돌아가게 해달라고 애원했다. 결국 나는 이렇게 말할 수밖에 없었다.

"회사도 회사만의 결정이 있고 규칙이 있습니다. 만일 아드님을 꼭 이 회사에 다니게 하고 싶으시다면 우리 회사에 채용공고가 났을 때 아드님에게 알려주셔서 면접을 보게 하는 방법밖에 없습니다. 하지만 언제 다시 그런 기회가 있을지는 저도 장담할 수 없습니다."

그렇게 아주 오랜 시간 통화를 한 끝에 상대방은 원하지 않는 상황에서 전화를 끊고 대화를 마무리 지었다.

그 후로 회사는 오랫동안 채용공고를 내지 않았고 나는 조금씩 그날의 일을 잊어버렸다. 그러던 어느 날, 한 모임에서 이런 소식을 듣게 되었다.

그 사원은 나중에 다른 회사에 취직했지만 거기서도 문제가 있어 그만두는 상황이 발생했다는 것이다. 인사팀의 젊은 여직원이 해고 소식을 통보했는데 얼마 후 그 집안사람들이 찾아와 그 여직원을 붙들고 난리를 피웠다고 한다. 이유인즉슨, 그녀가 자기 아들을 퇴사시키지 않고 다시 회사로 돌아오게 하겠다고 약속을 해놓고는 지키지 않았다는 것이다. 인사팀 여직원은 가족들에게 사과했지만 소용이 없었다. 그들은 회사가 다시 아들을 고용해야 한다고 어깃장을 놓았다. 결국 그 여직원은 여러 이유로 회사를 떠나야 했고 그 남자 사원은 당연히 회사로 돌아가지 못했다.

이 소식을 듣고 나는 만감이 교차했다. 일을 하다 보면 정말 다양한 사람들을 만난다. 저마다 자라온 환경과 삶은 다 다르고, 자기에게 닥친 어려움을 극복해야 한다. 때로는 힘든 일 앞에서 우리 안에 있는 지나친 '열심'을 내려놓아야 할 때도 있다. 사실 이 '열심'의 뿌리는 우리의 '연약함'과 연결되기도 한다.

당신이 그 어머니의 전화를 받았다고 상상해보자. 분명 엄청난 부담일 것이다. 그렇지만 그 부담을 극복하지 못하면 동정을 표하다가 자기도 모르게 약속을 하게 되는 일이 생긴다. 그러면 상대방은 당신이 그 일을 책임지고 해결해줄 것이라 철석같이 믿는다. 상대는 절대 당신이 동정심에서 한 말이라고도, 개인의 행동이라고도 생각하지 않는다. 당신이 회사를 대표해 승낙한 것이라고 오해한다. 결국 당신은 스스로도 감당하지 못할 책임을 짊어질 수밖에 없어진다. 양쪽 모두에게 불행이 닥쳐오고 특히 당신이 가장 큰 상처를 입는다.

이와 비슷한 일이 일어났을 때 아무리 큰 부담과 스트레스를 받는다고 해도 함부로 '미안하다'는 말을 해서는 안 된다.

반면 사과의 말로 말문을 열어야 할 때도 있다. 예를 들어 당신이 판매한 물건에 문제가 생겼을 때다. 물론 고객은 회사의 서비스 팀을 찾아가 그것을 해결할 것이다. 하지만 일단 그 고객이 당신을 통해 물건을 구매했으니 먼저 진심 어린 사과의 뜻을 전하는 게 옳다.

이럴 때는 '죄송하다'고만 말해도 당신을 찾아와 야단법석을 피우는 일은 없을 것이다.

다른 사람의 기대에 부응하지 못했을 때

이런 상황은 비교적 가까운 사이에서 많이 발생한다. 다른 사람의 기대에 부응하지 못했을 때 미안하다고 말하는 것은 자신에게 참 잔혹한 일이다. 예를 들어 누군가 당신의 인생에 자꾸만 참견하고 간섭하려고 할 때 함부로 미안하다고 말하지 마라. 이는 그에게 당신의 삶을 간섭할 권리를 부여하는 셈이다. '왜 아직도 결혼을 안 하느냐?'고 말하는 부모님, 공기업에 잘 다니고 있는 당신에게 이직 해보라고 자꾸만 권하는 친구 등 우리 주변에서 흔히 일어나는 참견이나 간섭이 모두 당신을 향한 기대라고 볼 수 있다.

근본적으로 말하자면 이러한 걱정과 염려는 모두 그들의 것이다. 그러니 당신은 그들의 참견 때문에 신념이 흔들리거나 원래의 목표를 바꿀 필요가 전혀 없다.

화나고 속상할 때
내 감정을 표현하는 세 가지 원칙

사람들을 만나다 보면 화나고, 우울하고, 마음이 상하고, 전혀 이해할 수 없는 일들이 생기게 마련이다. 이런 상황에서 내 생각과 감정을 어떻게 잘 표현할 수 있을까? 어떤 이는 불편한 마음을 인신공격으로 풀어내기도 하고 어떤 사람은 그 자리에서는 아무 말도 하지 않다가 집에 가서 다른 이에게 화풀이하기도 한다. 혹은 그 자리에서 갑작스럽게 크게 분노하며 화를 쏟아내 상대를 궁지로 몰아 결국 자신을 떠나가게 하는 사람도 있다.

이런 방법들은 좋은 결과로 이어지지 않는다. 유쾌하지 않은 장소나 상황일 때 말하는 능력을 좀 더 훈련해 능숙하게 대처할 필요가 있다. 다음 세 가지 원칙을 기억하면 된다.

-가감 없이 사실만을 이야기하라.

-다른 사람은 평가하지 말고 자신의 생각만 이야기하라.

-도리를 따지지 말고 자신이 느낀 바를 이야기하라.

이 세 가지가 쉬워 보여도 잔뜩 화가 올라올 때는 실천하기 쉽지 않다. 그렇다면 왜 이렇게 해야 하는지 아래의 예문을 통해 자세히 알아보자.

먼저 당신이 약속 시간에 늦었을 때 상대가 보일 수 있는 반응에는 어떤 것들이 있을까? 아마 크게 네 가지 반응이 나올 것이다.

1. "넌 진짜 약속을 잘 안 지켜."
2. "아니, 대체 무슨 일이야?"
3. "너 30분이나 늦었어."
4. "무슨 일 있는 줄 알고 걱정했잖아. 괜찮은 거지?"

위의 네 가지 반응 중 최악은 첫 번째다. 상대가 자기의 부정적인 감정을 표출하는 동시에 당신에게 부정적인 '꼬리표'를 달았기 때문이다. 이는 당신이라는 사람 자체를 부정하고 있다는 의미로 이후 둘의 관계를 악화시키는 계기가 될 수 있다.

두 번째 반응은 자기감정을 직접 표출하고 있다. 이런 질책이 당신에게 부담을 가중시키긴 하지만 그렇다고 상대가 당신이라는 사람을 나쁘게 평가하고 있는 것은 아니다.

세 번째 반응은 상대가 감정을 어느 정도 다스리고 난 뒤 사실만을 이야기한 것이다. 이 말 속에는 당신을 향한 상대의 기대가 담겨 있다. 즉 상대가 당신을 그만큼 기다렸다는 뜻이다.

네 번째 반응은 정말 말을 잘할 줄 아는 사람만이 할 수 있는 표현이다. 이 말 한마디가 다른 어떤 말보다 깊은 깨달음을 주며 당신을 향한 상대의 관심과 마음을 느끼게 한다.

어쩌면 누군가는 왜 이런 것까지 생각하며 말해야 하냐고 반문할수 있다. 기왕 내 감정을 표출하는 거 상대가 뭘 잘못했는지 확실히 짚어주고, 내가 기분이 나쁘다는 걸 분명히 알려줘야 하지 않느냐고 말이다. 그런데 사실 옳고 그름에 대한 생각은 절대적이지 않다. 이것은 사람마다 자기가 본 사실을 어떻게 '가공'하고 해석하느냐에 따라 달라질 수 있다.

위 상황에서 사실은 오직 하나, '당신은 30분 지각을 했다'는 것이다. 하지만 사람들은 이 사실을 제각기 다르게 해석한다.

자신감이 부족한 사람은 당신이 자기를 무시한다고 생각하고, 교만한 사람은 당신이 자기를 시험하고 도전한다고 생각한다. 냉정한 사람은 이것이 늘 일어나는 흔한 상황이라 여기고 마음이 넓은 사람은 긴장한 당신의 얼굴과 미안한 감정을 읽어낸다. 그래서 우리가 마음을 조금 넓게 가져보면 어떨까. 솔직히 우리는 자신과 다른 사람에게 지나칠 만큼 다른 기준을 적용한다.

생각해보라. 내가 시간 약속에 늦으면 '어쩌다 한 번'이라고 말하지만 다른 사람이 늦으면 무척 게으르다고 생각한다. 일하는 중에 자기가 어떤 실수를 하면 요즘 업무량이 많아 실수한 거라고 합리화하지만, 다른 사람이 똑같은 실수를 저지르면 능력이 없다고 말한다. 자신이 시간을 낭비하고 허투루 사용하면 '때론 인생도 쉬어가는 때가 있어야 하는 법'이라고 위로하지만 다른 사람이 그러면 '세상 참 편하게 산다.'고 말한다.

말을 바꾸려면 이런 불합리한 원칙을 바꿔야 하고 그러기 위해서는 생각을 바꿔야 한다.

• 한 업계에 행사가 있었다. 당신은 좋은 마음으로 동료를 그 행사에 초청했는데 그가 온다고 약속해놓고 오지 않았다. 그럼 당신은 어떤 방식으로 그에게 오지 않은 이유를 물을 텐가?

상대에게 이랬다저랬다 하는 사람이라고 질책하지 말고 이렇게 물어보자.

"참석 가능하실 것 같아서 행사에 초청했었는데 그날 보이지 않으시더라고요. 그 시간대가 좀 어려우셨나 봅니다."

이러한 질문을 통해 당신은 다른 이야기를 지어내지 않고 사실만을 말할 수 있다. 또 자기의 생각을 전달하면서 상대를 평가하지 않고 그에 대한 관심을 표현하면서 도리를 따지는 등의 논쟁은 피할 수 있다.

• 부모님이 당신의 삶과 결혼, 일에 자꾸만 간섭하고 참견할 때 물론 속으로는 '제가 알아서 해요. 제발 신경 좀 끄세요.'라고 말하고 싶다. 하지만 그것이 자식을 향한 관심과 사랑에서 비롯되었다는 사실을 당신도 잘 안다. 그러니 이렇게 직접 말해보자.

"조금 더 독립적인 사람이 되고 싶어요. 그러니 제 결혼과 일에 관한 조언은 해주시되 결정은 제가 할 수 있게 도와주세요."

• 배우자가 당신에게 자꾸만 뚱뚱하다고 구박할 때는 "당신도 만만치 않아."라고 반격하고 싶다. 그런데 어쩌면 배우자가 뚱뚱하지 않을 수도 있고 정말로 당신의 건강을 염려해서 하는 말일 수도 있다. 그러니 당신은 이렇게 대답하는 것이 좋다.

"자꾸만 뚱뚱하다는 소리를 들으면 나는 더 걱정돼요. 이제부터 내가 먹는 걸 참지 못하면 당신이 좋은 말로 좀 말려줘요. 아니면 당신 운동 갈 때 나도 같이 가는 건 어때요?"

여기서 주의할 점은 이런 종류의 말을 할 때는 최대한 문장의 주어를 '나'로 잡는 것이 좋다. 내가 아닌 '상대'를 주어로 하면 상대는 비난으로 받아들일 수 있다. 당신이 자기를 질책하고 있다고 생각하면 상대는 당신의 감정은 고려하지 않고 자기를 변호하려 든다. 그러면 결국 대화는 막다른 골목에 다다를 수밖에 없고 두세 마디로는 해결할 수 없는 지경에 이르고 만다.

내성적인 사람과
대화하는 법

    내성적인 사람들과 대화를 나눌 때는 외향적인 사람들보다 더욱 주의를 기울여 그들의 감정을 존중해주고 말할 기회를 많이 주는 것이 좋다.

    예전에 부서원들과 회의를 하는데 실습생 한 명이 함께한 적이 있었다. 착실하고 말수가 적은 친구였다. 회의 시간에 우리는 정말 많은 계획에 관해 이야기를 나눴는데 그 친구는 한마디의 말도 없었다.

    회의 중에 우리는 한 후원사에 관해 이야기를 나눴고 당시 행사의 사은품을 그 회사의 것으로 하되 품위 있는 것으로 넉넉하게 준비하자는 결론을 냈다. 업무 분장 시 나는 그 실습생을 행사 스태프로 참여시키면서 예의상 "문제없지?"라고 물었다. 그러자 그는 아무 문제없다고 말하더니 바로 그 자리에서 행사에 필요한 사은품의 수량과 행사 시간을 확인했고 세션별로 필요한 사은품을 분류하기까지 했다.

더 놀랐던 건 그가 그 작업을 마친 뒤 작은 소리로 했던 한마디였다. "그럼 제가 매형께 말씀드릴게요⋯." 마침 옆에 있던 동료가 그 말을 확실히 들을 수 있었다. 그제야 우리는 그의 매형이 그 후원사에서 중요한 의사결정권자라는 사실을 알게 되었다.

실제로 그는 당시 그 행사에서 매우 중요한 연결고리 역할을 했다. 나중에 누군가가 그에게 왜 그 사실을 뒤늦게 그렇게 조용하게 말했냐고 물어보았더니 그는 "사람들이 물어보지 않은 일을 먼저 나서서 얘기하고 싶지 않아서요."라고 대답했다.

내가 더욱 놀라웠던 건 시간이 흐르면서 그가 활동적이지는 않아도 팀 안에서 매우 중요한 인물로 자리매김했다는 점이었다. 회의 시간에 사람들이 이런저런 주제를 정신없이 이야기하다가 옆길로 새면 그는 수줍어하면서도 분위기를 바로잡았다. 심지어 외부에서 행사가 열릴 때면 그는 '무대 뒤의 연출'이 되어 팀원들의 질서를 잡아주고 프로세스에 따라 움직이도록 도와주었다. 고객 초청 행사가 열릴 때면 항상 그가 고객들에게 연락을 주었는데 행사 장소의 구체적인 주소는 물론이요 대중교통 노선 및 주차장 등과 같은 세부적인 내용까지 상세히 안내해주었다.

이렇듯 내성적인 사람들은 어떤 일에 관해 매우 꼼꼼하고 세부적으로 생각하며 많은 일에서 자기만의 강점이 있지만, 사람들이 관심을 주지 않으면 그 부분을 특별히 먼저 나서서 말하지는 않는다. 특히 공개적인 장소에서는 늘 적극적인 몇몇 사람들만 발언하기가 쉬운데, 때로는 그 사람들의 생각으로만 해결되기 어려운 일들이 있다. 그래서 회의 시간에는 침묵을 지키고 있는 사람들에게도 적절히 마이크를 넘겨줄 수 있어야 한다.

그들에게 "당신 생각은 어떤가요?"라든지 "혹시 말하고 싶은 게 있나요?"라고 물어본다. 이는 여러 명을 향해 "혹시 다른 의견 있는 분이 있나요?"라고 하는 것보다 훨씬 발화 욕구를 자극할 수 있다.

그 밖에도 일상 속에서 내성적인 사람들과 대화를 나눌 때 특히 주의해야 할 점이 있다. 당신은 그 사람들이 너무 말수가 적다고 원망할 수도 있지만 사실 상대는 이미 여러 방법으로 당신과 대화를 나누고 싶다는 의사를 표현했을 수 있다.

예컨대 내성적인 사람이 당신에게 갑자기 "이번 주말에 뭐해?"라고 물어봤다고 하자. 여기에 당신은 짧게 "친구랑 같이 거래처 사장님 만나러 가기로 했어."라고만 대답했다. 그러면 둘의 대화는 여기서 끝이 나고 관계는 더 이상 발전하지 못한다.

내성적인 사람과 외향적인 사람은 본질적으로 다르다. 외향적인 사람은 질문을 던진 뒤 상대가 한 대답에 다시 화제를 덧붙여 대화를 이어간다.

다시 위의 질문을 예로 들어보자. 외향적인 사람은 당신의 대답에 자연스럽게 화제를 덧붙여 자기의 계획을 말할 것이다. "그렇구

나. 넌 정말 바쁘게 지낸다. 난 이번 주말에 어디 펜션이나 예약해서 쉬고 올까 생각 중이거든. 어디 추천해줄 만한 곳 없어?"

하지만 내성적인 사람이 하는 질문 속에는 모종의 바람 혹은 물음이 담겨 있다. 이들은 당신이 자기의 질문에 대답을 한 뒤 끝에 중요한 한마디를 덧붙여주길 원한다. 바로 "너는?"이라는 말이다. 당신이 이 말을 더해주어야 그들은 비로소 자기 의견을 표현하기 시작한다. 다음의 대화를 통해 더욱 자세히 알아보자.

😖 나쁜 말투

"이번 주말에 뭐해?"

"친구 만나기로 했어. 너는?"

"나는 그냥 혼자 있으려고."

이 대화법이 아쉬운 점은 상대방의 '폐쇄적'인 대답 때문에 화제가 이어지지 않은 채 여기서 끝나버린다는 것이다. 이럴 때 간단하게 대처할 방법이 있다. 상대가 받아치기 힘든 말을 했을 때, 혹은 곧바로 반응할 수 없는 화제를 꺼냈을 때는 그 사람이 한 말의 핵심 단어를 반복해 말함으로써 시간을 벌거나 상대를 다시 대화 속으로 불러들일 수 있다. 예를 들어보자.

"이번 주말에 뭐해?"

"친구 만나기로 했어. 너는?"

"나는 그냥 혼자 있으려고."

"아, 혼자?"

"응. 주말에 어디 가야 좋을지 잘 모르겠어."

"여기 근처에 새로 개업한 헬스장이 있던데 한 번 가봐. 정말 좋더라고."

"그래?"

"응, 얼마 전에 친구랑 갔었거든. 트레이너들도 엄청 친절해."

⊙ 평범한 말투

"이번 주말에 뭐해?"

"친구 만나기로 했어. 너는?"

"나는 그냥 혼자 있으려고."

"응, 다른 사람 방해받지 않고 혼자 있는 것도 나쁘지 않지. 그럼 혼자 있을 때는 주로 뭐해?"

"미국 드라마를 봐."

"그렇구나. 나는 미국 드라마는 잘 모르겠더라. 난 한국 드라마 즐겨봐. 요즘 새로 나온 드라마가 있는데 남자 주인공이…"

이 대화법은 많은 사람이 흔히 범하는 오류이기도 하다. 시작할 때는 성공적으로 상대를 대화 속으로 끌어들였지만 나중에는 자기가 대화의 '주인공'이 된다. 상대의 감정과 생각을 배려하지 못하고 자기 위주의 이야기를 풀어가는 것이다.

😊 끌리는 말투
"이번 주말에 뭐해?"
"친구 만나기로 했어. 너는?"
"나는 그냥 혼자 있으려고."
"응, 다른 사람 방해받지 않고 혼자 있는 것도 나쁘지 않지. 그럼 혼자 있을 때는 주로 뭐해?"
"미국 드라마를 봐."
"미국 드라마는 실생활을 소재로 한 게 많지?"
"맞아. 미국 드라마 속 인물들은 다들 단점이 하나씩 있어. 그래서 더 재밌는 것 같아."

이 대화법의 장점은 질문을 통해 상대가 더 많은 말을 하도록 유도했다는 것이다. 이렇듯 내성적인 사람일지라도 마음의 문을 잘 열어주면 사실 그 속에 하고 싶은 말이 많이 있었다는 사실을 발견할 수 있다.

3분 안에
상대의 관심을 끌어라

　사실 내 말을 잘 들어주는 사람과 대화하는 것은 일종의 즐거움이다. 하지만 내 말을 귀 기울여 들을 시간이 별로 없는 사람들과 대화를 나눠야 할 때도 많다. 이때는 최대한 빨리 상대를 집중시키는 게 중요하다. 대화 시작 3분 안에 상대의 관심을 끌지 못하면 그 뒤로 어떤 노력을 해도 소용이 없다.

　어떻게 해야 상대를 효과적으로 집중시킬 수 있을까? 특히 상대가 다른 사람들에게 칭찬과 아부를 많이 듣는 사람이라면 정신이 번쩍 들 만큼 흥미로운 이야깃거리가 필요하다. 이럴 때는 과감하게 상대를 '자극'해서 두뇌를 회전시켜 줄 필요가 있다. 그래야 진정으로 당신의 이야기에 귀 기울이고 그에게 깊은 인상을 남길 수 있기 때문이다.

　나는 업무적인 필요 때문에 창업자나 기업가들을 만날 일이 많다. 솔직히 말하면 이런 사람들은 상대적으로 내 말을 잘 경청하는 대화 상대는 아니다. 그들에게 시간과 집중력은 곧 돈이기 때문이다. 그렇지만 이런 사람들과 함께 일을 하기 위해 어쨌든 나는 그들이 귀 기울일 만한 무언가를 말해야만 한다.

나는 가끔 예전에 그들이 했던 말들을 인용해 질문을 만들어낸다. 예를 들면 이런 것이다. "전에 사장님께서 이 회사를 시작할 때의 결심과 기업의 비전에 관해 여러 번 하셨던 말씀을 기억하고 있습니다. 특히 '내가 잘 알지 못하는 업종은 손대지 않을 것'이라고 언급하셨던 생각이 나네요. 그런데 최근 몇 년간 새롭게 사업 영역을 넓혀가는 걸로 알고 있습니다. 이런 변화에 대해 어떻게 생각하시나요?"

혹은 통상적인 기업의 발전 단계를 기반으로 한 일반적인 질문을 던지기도 한다.

"모든 기업은 초창기, 도약기, 성숙기를 지나 쇠퇴기의 길을 걷는다고 생각합니다. 그렇다면 사장님은 향후 직면할 수 있는 쇠퇴기를 대비해 어떤 계획을 세우고 준비하고 계신가요?"

어쩌면 그다지 특별할 것 없는 질문으로 들릴 수 있지만 이를 적재적소에 잘 사용한다면 허를 찌르는 예리하고 날카로운 검이 되어 상대의 지루함을 단번에 날려줄 수 있다.

간혹 상대를 치켜세우는 아첨의 말을 해야 할 때도 남들과는 조금 다른 방법을 사용한다면 상대의 무료함을 확실하게 쫓아낼 수 있다.

하지만 처음 만난 사람과 대화를 나누는 경우라면 주의해야 한다. 상대에게 없는 점을 칭찬하면 비꼬는 것이 되고, 상대가 가진 것을 치켜세우면 너무 흔한 아부가 된다. 그러나 상대가 고민하고 힘들어할 때 걱정하고 위로한다면 그를 깊이 통찰했다는 느낌을 주고 공감대를 형성하여 한 단계 더 깊은 대화로 이어질 수 있다.

또한 일반적으로 과거에는 여성은 자신의 아름다움을 드러내고 싶어 하고, 남성은 어려움 속에서 자신의 능력과 힘을 인정받기를 원했다. 그래서 누군가를 만났을 때 상대가 여성이라면 아름다움을, 남성이라면 능력을 칭찬하는 것이 보편적인 칭찬 방법이었다. 그러나 요즈음은 양성 평등에 대한 인식이 확산되고 있다. 여성도 단편적인 외모에 대한 관심보다는 능력에 대한 정당한 평가를 받는 것이 요구되는 시대가 온 것이다.

먼저 여성의 경우를 살펴보자.

😖 나쁜 말투
"제가 만나본 여성 기업가 중에 제일 예쁘시네요."

상대는 이것이 예의상 건네는 매우 틀에 박힌 칭찬이라고 생각할 수 있다. 또한 초면 여성 기업인에게 외모를 먼저 이야기하는 것은 사람에 따라서는 불편하게 들릴 수 있다. 이런 표현은 억양, 어조,

얼굴 표정, 듣는 사람의 이전 경험, 상황을 간과한 나쁜 말투가 될
수 있다.

☺ 평범한 말투

"오늘 날씨가 참 좋지요. 오시는 길에 어려움은 없으셨나요?"

이런 인사는 보통 사람들이 예의상 상투적으로 하는 말이다. 많
은 사람이 일반적으로 표현하는 말로는 상대방에게 인상적인 느낌
을 주기는 어렵다.

☺ 끌리는 말투

"직원들의 복지에 많은 관심을 가지고 있다는 것을 들었습니
다. 저희도 다양한 방법으로 접근하고 있지만 쉽지는 않네요.
혹 직원 복지에 대해 중요하게 생각하시는 대표님의 생각을 들
려주실 수 있으신지요?"

이런 표현은 한 회사를 이끌어가고 있는 리더로서 존중을 담고
있다. 특히 어떤 사람을 만나기 전에 그의 관심사에 대한 정보를 알
고 있다는 것을 인식시킬 수 있다. 초면이지만 직원 복지에 대한 다
양한 생각과 경험들에 대한 이야기를 나누다 보면 같은 공감대를
형성할 수 있으며 깊은 대화로 이어 가고 싶은 마음이 들게 한다.

이어서 남성을 칭찬하는 경우다. 먼저 질문의 방식으로 접근해볼수 있다. 생각해보라. 처음 만난 사람에게 다짜고짜 "정말 강한 분이시군요!"라고 말할 수는 없지 않은가? 직접적인 아첨이나 칭찬이 아닌 일종의 가르침을 청하는 방식으로 질문을 던지면 상대를 향한관심과 존경심을 같이 드러낼 수 있다.

"회사의 더 큰 발전을 위해 이번에 지분을 많이 양도하셨다고 들었습니다. 그런 정의심과 냉철함을 유지하는 비결이 뭔가요?"

"항상 '방법은 문제보다 많다'고 강조하시는 걸로 알고 있습니다. 예전에 대표님의 어느 고객이 '그 분만 있으면 해결되지 않는 문제가 없다'고 저에게 대표님에 관한 이야기를 한 적도 있습니다. 그럼 지금까지 일을 해오면서 대표님을 가장 힘들게 한 것은 무엇이었나요?"

이러한 질문 속에는 상대의 품성을 높이 평가하는 의미가 담겨있어서 무의식중에 서로 간의 거리를 좁힐 수 있고 새로운 대화의장을 열어갈 수 있다.

솔직함과
무례함 사이

주변을 둘러보면 솔직하고 진실하긴 하지만 말주변이 없는 사람들이 있다. 우리는 머리로는 그들을 괜찮은 사람이라고 생각하면서도 실제로는 거리를 두기도 한다. 인간관계에 있어 솔직함이 필요한 것은 맞지만 적절하게 사용하는 것이 무엇보다 중요하다.

솔직하지만 말주변이 부족한 사람들이 자주 하는 말이 있다.

"제가 본래 마음은 그렇지 않은데 말을 잘 못해서 그래요.", "저는 매우 솔직해요. 그래서 사람들이 잘못 받아들여요.", "제가 그렇게 말하는 건 다 그 사람을 위해서예요. 그 사람이 자기 잘못을 깨닫게 하려고요."

그런데 이러한 말하기는 모두 자기 위주의 솔직함이다. 정말 많은 사람이 대인관계에서 오로지 자기만족만을 추구한다. 그 관계에서 상대가 무엇을 얻었는지, 얼마나 누리는지는 전혀 관심이 없다.

더 무서운 건 자기의 즐거움을 위해 상대에게 상처 주는 말을 서슴지 않고 하는 사람들이 있다는 점이다. 그들은 상대방이 현실을 직시하고 성장하도록 도와주려고 그러는 것이라며 자신의 행동을 미화시켜 말한다.

솔직하게 말한다는 것이 나 혼자만 잘났다는 듯 여과 없이 뱉어내는 말이 아니다. 때론 솔직함이 불쾌감을 줄 수도 있다. 상대도 편안함을 느낄 수 있어야 한다. 상대를 편안하게 하려면 그의 단점에만 초점을 맞추지 말고 먼저 나의 실수나 단점을 말하는 '셀프 디스'부터 시작하는 것이 좋다. 구체적인 방법은 다음과 같다.

1. 나에게도 똑같은 문제가 있다고 말한다.

다른 사람의 부족한 점을 지적할 때 당신이 그 문제에 민감하게 반응하는 이유는 당신 역시 과거에 동일한 문제를 겪었기 때문이라고 말하는 것이 좋다. 그런 다음 그것을 어떻게 극복할지에 관해 이야기한다. 그런데 이 역시 전략이 필요하다. 아래의 두 가지 대화법을 살펴보자.

😞 나쁜 말투

"정말 솔직히 말할게요. 이 일과 관련해서 당신은 너무 많은 사람에게 실망을 안겼어요. 지금도 당신이 하는 말의 요점이 뭔지 모르겠어요. 그냥 너무 모호하고 실제 목표와는 거리가 있다고 느껴지거든요. 그러면 실패는 불 보듯 뻔한 일이죠. 게다가 지금은 당신에 관해 좋게 말하는 사람이 하나도 없어요. 다들 당신이 처음에는 무조건 성공할 것처럼 얘기해서 믿고 따라갔지만 결국에는 얻은 게 하나도 없다고 하더군요."

☺ 끌리는 말투

"당신이 이 사업에 얼마나 애정을 가지고 있는지 알아요. 그래서 사람들에게 큰소리치고 희망적인 말을 많이 했겠죠. 그렇지만 이런 프로젝트를 실제로 성공시키기란 무리예요. 저도 처음 창업을 시작했을 때는 그랬어요. 하지만 나중에는 방법을 바꿨죠. 이런 건 시작부터 사람들에게 위험 요소를 알려주는 게 좋아요."

2. 자신의 단점을 대화의 반전 포인트로 사용하거나 합리적인 분석과 해석을 덧붙인다.

나를 편안하게 해주는 사람을 만났을 때는 내가 잘해서가 아니라 그 사람이 똑똑하게 행동해서라는 사실을 인지해야 한다. 상대 덕분에 대화를 하는 동안 즐거움을 누릴 수 있으니, 이 관계에서 당신은 상대에게 더 많은 것으로 보답해주면서 자신의 부족한 점을 솔직하게 고백해보자.

☹ 나쁜 말투

"오늘 처음 뵀는데 정말 좋으신 분 같아요. 당신과 함께 있으면 뭐든지 말해도 될 것처럼 편안하게 느껴져요. 또 언제 시간이 되시나요? 만나서 얘기하고 싶어요."

☺ 끌리는 말투

"오늘 당신을 처음 뵀는데도 제 마음에 있는 말을 많이 했네요. 어쩌면 제가 조금 무례했을지도 모르겠습니다. 하지만 당신이 아주 오래전부터 알고 지낸 친구처럼 느껴졌어요. 다음번에는 당신 이야기를 많이 듣고 싶네요."

3. 내가 상대의 감정을 신경 쓰고 있다는 것을 드러낸다.

당신이 누군가에게 호감이 생기면 두 가지 상황이 발생한다. 하나는 상대가 자기에 대한 당신의 호감을 확인하고 싶어 하는 것이고, 또 다른 하나는 뭔가 오해가 생겨 당신이 그에게 호감이 있다는 사실을 그 사람은 전혀 모르는 경우다. 그러니 당신이 갖고 있는 감정을 온전히 잘 표현해주는 것이 좋다.

☹ 나쁜 말투

"평소에 당신과 정말 대화를 나눠보고 싶었어요. 그런데 오늘은 그렇게 말을 하지 않아도 될 것 같은 날이네요."

☺ 끌리는 말투

"원래 저는 평소에 말이 많은 사람인데 오늘은 그렇지 않네요. 왜
냐하면 당신과 같이 있을 때는 아무 말 하지 않아도 어색하지 않거
든요. 당신은 내게 그런 느낌을 주는 몇 안 되는 사람이에요."

대화 스타일은
성장 배경과 관련 있다

어린 친구들과 이야기를 많이 나누면서 젊은이들의 대화 스타일이 대략 세 가지 유형으로 나뉘는 것을 발견했다. 첫 번째는 내 얘기를 듣고 싶어 하는 유형이다. 아직 모든 게 막막하고, 탐험하듯 세상과 접촉해야 하는 그들은 사회 경험이 많은 사람의 지도를 받고 싶어 한다. 두 번째는 자기 말만 하는 사람이다. 그들은 다른 사람의 경험이나 사람들의 시선 따위는 신경 쓰지 않는다. 마음이 가는 대로 행동하며 자기만의 독특한 생각이 있다. 설령 그것이 틀리다고 해도 그들은 그 생각이 옳다는 확신을 버리지 않는다. 세 번째는 젊은데도 사려가 깊은 유형이다. 그들과 대화를 나눠보면 고정관념이 별로 없다는 걸 알 수 있다. 또 심도 있는 질문을 하여 자기의 생각을 검증받으려고 하며 상대의 경험을 빌어 자기 생각의 부족한 부분을 보충하려 한다.

그런데 이 세 유형의 특징은 하루아침에 만들어진 것이 아니다. 그들의 대화 스타일은 모두 성장 배경과 관련 있다. 이 세 유형의 젊은이들에게는 다음과 같은 인생 경험이 있으리라 추측해볼 수 있다.

첫 번째 유형의 청년들이 만나는 어른은 친척, 스승, 선배로, 모두 능력 있는 사람들일 가능성이 높다. 그래서 이 유형에 속하는 청년들은 내성적이거나 비교적 부족한 자신감 탓에 자기보다 나이가 많은 사람에게 선뜻 다가가 말을 걸지 못한다. 이들은 대화가 시작되면 '멘토링 갈구형'으로 변하기 쉽다는 특징이 있다.

두 번째 유형의 청년들은 주변 어른들의 삶이 무료해 보이고 별로 배울 점이 없다고 생각한다. 그래서 어른들에게 강한 반항 심리를 드러낸다. 그들은 경험이 아닌 자기 자신을 믿기 때문에 대화를 시작하면 '자기표현형'으로 변한다.

세 번째 유형의 청년들은 '열린 마음형'에 속한다. 이 유형의 가장 큰 장점은 비굴하거나 오만하지 않고 의젓한 태도를 보인다는 것이다. 대화 상대가 강한 사람이든 약한 사람이든 그것과 상관없이 자기만의 기지를 발휘해 대화의 흐름을 잘 잡아가며 상대의 나이나 신분, 지위에 영향을 받지 않는다.

젊은 친구들이 어떻게 이런 개방적인 마음가짐을 지닐 수 있을까? 그 비결로 다양한 대화 경험을 들 수 있다. 나는 청년들이 사회에 진출하기 전에 다양한 대화의 경험을 쌓으라고 조언해주고 싶다. 이 방법은 첫 번째와 두 번째 유형의 사람들이 자신의 태도를 바꾸는 데 매우 효과적이다.

예를 들어 직급이나 사회적 지위, 혹은 나이대가 다른 사람들과 두루두루 이야기를 나눠보는 것이다. 이때 자기보다 나이가 많은 사람들과 대화를 많이 해보는 것이 중요하다. 자기보다 나이가 적은 사람과 대화할 때는 비교적 거리낄 것이 없으니, 나이가 좀 더 많은 사람과 대화를 나누는 것이 훨씬 도전적이다.

그렇다면 어떻게 나이 많은 사람을 찾아 대화의 경험을 쌓을 수 있을까? 먼저 주변 사람부터 시작해보자. 분명히 이는 당신에게 매우 귀중한 자산이 될 것이다. 생각해보라. 당신이 계속 동갑 친구들이나 동생들하고만 사귀다 보면 막상 나이가 많은 사람을 만났을 때 그들이 무슨 생각을 하는지, 어떻게 대화를 시작해야 할지 잘 모른다.

반면 상대는 당신이 무슨 생각을 하며 당신이 가진 언어적 특징은 무엇인지를 모두 파악하고 있다. 그리고 중요한 고객이나 회사 책임자들은 보통 나이가 많은 사람들이다. 이들이 쌓은 자산과 업적은 모두 시간이 지나면서 축적된 것이다.

구체적으로 어떻게 실행할 수 있을까? 단계적으로 다음 세 가지를 시도해보자.

1. 아버지와 대화하라.

아버지의 인생 경험을 통해 아버지가 살았던 시대 배경이 어떠했으며 아버지의 가치관이 어떻게 형성되었는지 이해할 수 있다. 그리고 아버지와의 대화는 실수할까 봐 걱정하지 않아도 된다. 대화가 잘 끝나면 서로 기분이 좋을 것이고 설령 대화가 잘 안 된다고 해도 서로 등을 돌리는 일은 없을 것이다. 이러한 대화를 통해 어른들이 사용하는 대화의 리듬이나 특징을 파악할 수 있다.

2. 어른들과 대화하라.

어른들과의 대화는 당신의 인생 경험을 넓혀주는 데 많은 도움이 된다. 친척들과 만나는 것을 매우 싫어하는 젊은이들이 있다. 어른들에게 인사드리는 걸 큰 부담으로 여기기 때문인데 사실 이는 자기를 단련할 기회를 놓치는 것과 같다. 다소 번거롭거나 귀찮을지는 몰라도 이 중요한 기회를 무시하지 말길 바란다. 아버지 외에 다른 어른들과 계속 대화를 나누다 보면 어느새 훈련이 되어 다른 '세상'에 있는 어른들을 만나도 대화가 가능해진다.

가장 중요한 건 이 과정에서 인간관계에 존재하는 미묘한 거리, 다시 말해 상대와 당신 사이에 미묘한 거리가 존재한다는 사실을 깨닫게 된다는 점이다. 이 거리감을 느낌으로써 어떻게 현실적으로 말하는 것이 좋을지 배울 수 있고, 구체적이면서도 상대를 배려하는 말을 하여 반감을 사지 않을 수 있다.

3. 선생님과 대화하라.

선생님과 대화할 수 있으면 나중에 당신의 상사와도 쉽게 대화할 수 있다. 나는 대학 시절 교수님과 대화하는 걸 무척 즐겼는데 이것이 내 인생에 정말 많은 도움이 됐다. 가령 수업시간에 학생들을 가르치는 교수님들을 보면서 그들은 인생의 모든 문제를 해결할 수 있으리라 오해했다. 심지어는 교수님들을 신격화해서는 그분들은 욕망이 없을 것이라 생각하기도 했다.

나중에 한 교수님과 가깝게 지내면서 그분 집에서 밥도 자주 먹었다. 내가 존경했던 그 교수님은 학식이 풍부해 자기 전공뿐 아니라 경제, 사회, 철학, 심리학에도 조예가 깊었다. 그런데 교수님도 현실에서 일어나는 여러 문제 때문에 골머리를 앓고 있다는 사실을 알게 되었다. 교수님은 가족 관계와 복잡한 사회관계 때문에 힘들어했다. 조용히 앉아 연구할 책상이 없는 현실을 원망했고 사람들이 자꾸만 찾아와 들어주기 힘든 부탁을 해서 짜증을 냈다.

교수님과 진짜로 관계가 가까워지고 나자 그분은 자기 모습을 숨기지 않았고 자신의 경험과 생각을 아낌없이 나에게 나눠주었다. 때로는 자신의 고민을 내게 털어놓기도 했다.

그 경험 덕분에 직장에 들어가 여러 상사를 만나서도 그 나이대 어른들의 삶의 애환과 고충이 무엇인지 무의식적으로 이해하고 있었던 것 같다. 그래서 상사와 대화를 나눌 때 절대 말해서는 안 될 금기어는 의식적으로 조심하고 피했다. 업무 보고를 할 때는 두 가지 시나리오를 함께 제안해 바쁜 가운데 빨리 선택하고 결정할 수 있도록 상사에게 편의를 제공했다. 한 번도 그들의 신뢰를 저버리는 일은 하지 않았고 내가 맡은 일을 성실히 수행했다. 남을 평가하거나 관계를 어그러트리는 일은 하지 않았고 인사 문제와 관련된 함정에 빠지지 않으려 노력했다.

나중에 내가 처음으로 인터뷰했던 사람은 매우 중요한 인물이었는데 나보다 나이가 훨씬 많은 교수님이었다. 그나마 다행인 것은 그분의 스타일이 예전 나의 대학 스승과 비슷하다는 점이었다. 그래서 그의 표정이나 몸짓이 왠지 모르게 익숙하게 느껴졌다.

인터뷰의 시작은 카메라 렌즈를 보면서 첫 번째 질문을 던지는 것부터가 아니다. 그 사람을 처음 만난 그 순간부터 시작이다. 그래서 나는 처음부터 최대한 편안하고 자연스럽게 행동했다.

나의 스승님이 알려준 바로는 교수들은 사람들이 자기를 신격화하는 것을 싫어한다고 했다. 그래서 나는 어떤 질문이 그들을 불편하게 하는지 알고 있었다. 또 과장된 표정이나 말로 그들을 치켜세우면 부담을 주어 철학자와 같은 자세로 대답할 수밖에 없다는 것도 알고 있었다.

순조롭게 인터뷰를 마친 후 그 교수는 나의 인터뷰 솜씨가 매우 노련하다며, 사람을 정말 많이 만나본 것 같다고 칭찬을 아끼지 않았다. 사실 그건 내 생애 첫 번째 인터뷰였다. 그러나 노련함은 하루아침에 만들어진 것이 아니었다. 주변의 모든 것을 대화의 자원으로 사용하는 법을 알게 되면 새롭게 깨닫는 사실이 하나 있다. 바로 그 누구라도 당신에게 새로운 경험과 즐거움을 가져다준다는 점이다.

강약조절만 잘해도
몸값이 달라진다

일상생활에서 말로 해결할 수 있는 일들은 생각보다 많다. 이를 테면 시각적인 요소를 작품으로 표현해야 하는 디자이너들은 단순히 보기 좋은 작품을 만드는 것이 아니라 그 안에 메시지를 담아내기 위해 고민하고 노력한다. 뭔가 강조하고 싶을 때는 짙은 색으로 힘을 주고, 말을 아껴야 할 때는 옅은 색으로 힘을 빼는 것. 이러한 기술이 그 사람과 작품을 특별하게 만든다.

예를 들어보자. 요즘 사람들이 말하는 '돈 버는 능력'에 대한 개념은 예전과 많이 다르다. 지금 사람들은 전체적인 수입이 아닌 그 사람이 순수하게 일한 시간 동안 얼마를 버는지에 관심이 있다. 이는 많은 사람이 프리랜서에 로망을 가지고 있는 이유이기도 하다.

어떤 직업은 한 달 내내 쉬지 않고 일해 봐야 수입이 고작 백만 원인데 어떤 직업은 하루만 일해도 수입이 백만 원이라고 가정해보

자. 그러면 후자의 경우 여행을 가거나 독서를 하는 등 자기계발에 더 많은 시간을 투자할 수 있다. 그래서 후자가 전자보다 더 실력 있는 사람이 되리라는 것은 쉽게 예측해볼 수 있다.

만일 당신이 디자이너나 사진작가, 화가와 같은 예술가라면 정해진 근무시간 안에 더 많은 돈을 벌 수 있는 길을 선택하는 것이 좋다. 그래야 실력을 갈고 닦을 시간적 여유와 마음이 생기기 때문이다.

누군가 함께 일하자고 제안해올 때 당신은 상대에게 이런 점들을 확실히 말해줄 수 있어야 한다. 끌리게 말을 잘하는 사람이라면 상대의 마음을 움직여 한 달치 급여 백만 원을 하루만 일하고도 받아낼 수 있다. 반면 말을 잘 못하면 서툰 표현 때문에 높은 자기 '몸값'을 도리어 깎아 먹는 실수를 범하기도 한다. 예를 들면 이런 식으로 말하는 것이다.

"나는 비싼 사람이에요. 돈이 있으면 저랑 같이 일하고 아니면 그만두시죠."

그렇다면 끌리게 말하는 사람들은 이를 어떻게 풀어가는지 함께 살펴보자.

인도의 영화감독 타셈 싱Tarsem Singh은 정말 말을 잘하는 사람이다. 과거에 그는 작품을 만들 때 투자자들에게 적지 않은 액수를 제시했다. 그런데 그는 이런 말로 투자자들의 심금을 울려 설득해내고 같이 일하고 싶은 마음을 부추겼다고 한다.

"당신은 그 돈으로 내 연출 능력과 당신을 대신해 일해 줄 시간을 사는 셈입니다. 심지어 당신은 과거 내 인생의 모든 경험까지도 함께 사 가는 것이죠. 내가 마셨던 술과 커피, 내가 먹었던 요리와 읽었던 책, 내가 앉았던 의자와 사랑했던 여인들, 내가 보았던 아름다운 풍경과 다녀왔던 여행지까지…. 당신은 내 인생의 가장 찬란했던 그 순간들을 사서 30초 광고 안에 담으려고 합니다. 이런데 어떻게 비싸지 않을 수 있겠어요?"

이렇듯 그는 많은 의미가 담긴 표현으로 '돈 있으면 같이 일하고 아니면 그만두라'는 말을 성공적으로, 똑똑하게 전달했다.

또 다른 예화가 있다. 한 자동차 회사에서 기계가 고장나자 모두 어찌할 바를 몰라 헤맸다. 그들은 문제를 해결하기 위해 급히 수리 기사를 불렀다. 현장에 도착한 기사는 고장 난 부분을 찾아 전선 하나를 연결해놓고 직원들에게 작동법을 알려주었다.

그러고 나서 그는 수리비용으로 1만 달러를 요구했다. 직원들은 모두 놀라 입을 쩍 벌렸다. 그 당시 일반적인 직원이 수십 년 일해야 벌 수 있는 소득의 총액이었기 때문이다. 그런데 이 기사는 기술에서뿐만 아니라 자기 홍보의 고수이기도 했다.

그는 "전선을 이어붙이는 건 1달러면 되지만 어디에 연결해야 하는지를 아는 건 9,999달러가 필요합니다."라고 설명을 덧붙였다. 나중에 수리기사의 말을 전해들은 회사 대표는 기꺼이 1만 달러를 지불했고 그를 회사 직원으로 채용했다.

언제 강하게 말하고, 언제 약하게 말해야 할까

사람들의 마음을 움직일 만큼 특별하게 말하는 데는 교묘한 기술이 필요한 게 틀림없다.

내게는 오랫동안 인테리어 업계에 종사한 친구가 한 명 있다. 그런데 이 친구가 바로 전략적인 말하기 기술과 그 중요성을 잘 알지 못하는 사람이었다. 그는 계속되는 말실수로 일하는 동안 수입을 올리지 못했다.

한번은 내가 그에게 말을 할 때는 상황에 맞게 강약조절을 잘할 줄 알아야 한다고 일러주었다. 그러자 그가 "언제 강하게 말해야 하고 언제 약하게 말해야 하는데?"라고 물었다. 나는 쉬운 설명을 위해 예를 들어주었다.

"고객들에게 인테리어 방안을 설명해줄 때 너무 수준을 높게 잡는 것 같아. 그 사람들이 네 설계도 몇 장만 보면 다 이해할 거라고 말이야. 그런데 그건 완전히 잘못됐어. 고객들이 완전히 '백지' 상태라고 생각하고 인내심을 가지고 쉽게 설명해주면 좋겠지. 그 사람들이 인테리어 계획이 아니라 자기 집안일 얘기를 하거나 한담을 할 때는 너무 많이 말하지 말고 그냥 미소만 유지하도록 해. 푼수처럼 다 맞장구쳐줄 필요는 없어. 끝까지 프로다운 모습을 보여주는 게 좋아."

아주 사소한 팁이었지만 그 후로 그의 전체적인 분위기는 많이 바뀌었다. 그런데 알아둬야 할 것이 하나 있다. 일할 때는 실력이 중요하다. 그리고 당신이 매우 실력 있는 사람이라는 것을 다른 사람이 느낄 수 있게 하는 것도 중요하다. 나는 그에게 한 가지만 더 조언했다.

"강조해서 말하고 싶은 것들이 있다고 해도 시간제한 없이 무조건 힘을 주어 말하라는 건 아니야. 최고의 디자이너라면 실력과 함께 카리스마가 있어야지. 한 달 내내 고민하고 노력해서 탄생시킨 설계 방안이라도 한 시간 안에 모두 소개할 수 있어야 해. 그걸 들은 고객들이 감탄과 칭찬을 아끼지 않으면 그럴 때 더욱 겸손해야 하지. 네 고생과 노력에 관해서는 적게 얘기하는 대신, 결과로 너를 보여주는 거야. 그러면 사람들이 네가 더 실력 있는 사람이라고 생각할 거야."

그 후로 이 디자이너 친구는 일하는 중 일어나는 여러 가지 변화를 느낄 수 있었다.

나는 이 스킬을 잘 사용하는 젊은 동료를 알고 있다. 어느 날, 문득 요즘 영화 산업에 관해 젊은이들의 생각이 어떤지, 그들은 어떤 영화를 좋아하는지 궁금해졌다. 마침 회사 엘리베이터 안에서 젊은 동료를 만났다. 그는 석사 공부를 끝내고 회사에 들어온 지 얼마 안 되는 친구이기도 했다. 그래서 나는 겸사겸사 그에게 미국 드라마와 중국 드라마를 어떻게 생각하는지 물었다.

그러자 그는 자기의 생각뿐 아니라 자기가 나와 다른 점이 무엇인지 말해주었고 자기가 알고 있는 다른 젊은이들의 선호도도 이야기해주었다. 나는 논리정연하게 자기 생각을 말하는 사람을 좋아한다. 그가 말해준 세 가지는 내 생각을 크게 벗어나진 않았지만, 그때 나는 그가 견문이 매우 넓고 표현을 잘한다는 느낌을 받았다. 짧은 시간이었으나 그는 내게 좋은 인상을 남겼다.

더욱 칭찬하고 싶었던 건 엘리베이터 안에서 나눈 대화는 '가볍게' 끝났지만 그 '구상'은 거기서 끝나지 않았다는 점이다. 이틀 뒤, 그는 내게 약 3천 자 정도에 달하는 장문의 메일을 보내왔다. 메일에는 그가 알고 있는 젊은이들은 어떻게 영화를 고르는지 소개하고 있었다. 아울러 다른 여러 재미있는 현상에 대한 분석과 그에 관한 자기의 생각을 적절히 덧붙였다.

예를 들어 그는 80년대, 90년대를 넘어 00년대 생으로 갈수록 시각적인 것에 더 매료되고 그러한 요소가 많이 들어간 영화를 선택하는 것으로 보인다고 말했다.

그의 세심한 관찰과 노력이 나를 감동시켰고 이후로 나는 그가 능력을 잘 발휘할 수 있도록 더 많은 기회를 주고 싶은 마음이 생겼다.

2부

말하기가 달라지면
관계가 편안해진다

생각지도 못한 각도에서 이야기하라

둘 사이를 이어줄
연결고리 표현

사회가 복잡해질수록 오히려 사람들의 관계는 얕아진다. 많은 사람의 관계가 그저 '아는 관계'에 머물러 있는 것 같다. 거기서 더 나아가 좋은 친구가 되는 경우는 많지 않다. 여러 가지 이유가 있겠지만 두 사람의 가치관이 달라서일 때도 있다. 차이가 너무 크면 평온을 유지하기 힘들다. 하지만 많은 경우는 사람들이 '말을 잘할 줄 몰라서' 그렇다. 다음의 상황을 함께 살펴보자.

이씨가 동료 세 명에게 가족사진을 보여주었다. 그러자 세 명의 동료는 각각 이런 반응을 보였다.

동료 1 "어떻게 당신 남동생이 더 늙었어요?"

동료 2 "당신 정말 동안이네요. 동생보다도 더 젊어 보여요."

동료 3 "평소에 당신 인상이 정말 좋다고 생각했어요. 분명 가족들도 다

그럴 거라고 생각했는데 오늘 보니 과연 그러네요. 가족들 모두 에너지
가 넘치고 건강해 보여요. 그런데 당신이 동생보다도 젊어 보이는 비결
은 뭐예요?"

동료 1의 반응은 최악이다. 원래는 상대가 동안이라고 칭찬하고
싶었겠지만 부정적인 어휘를 선택함으로써 이 씨와 그의 가족들을
모두 깎아내리는 꼴이 되었다. 이런 반응이라면 두 사람의 관계가
멀어질 수밖에 없다.

동료 2의 반응이 우리가 자주 사용하는 칭찬이다. 다시 말해 비교
를 통해 자신이 말하고 싶은 중점을 강조하는 것이다. 하지만 이런
비교는 그다지 적절하지 못하다. 상대와 자신을 비교한 게 아니라
상대의 가족 중 한 명을 평가했기 때문이다. 그래서 듣는 사람에 따
라 다른 반응이 나올 수 있다.

동료 3의 반응이야말로 두 사람의 거리를 좁힐 수 있는 말이다.
단순하면서도 자연스럽게 보이는 말이지만 칭찬의 의미가 그대로
드러나 있으며 친근하게 느껴진다.

먼저 동료 3은 지금껏 자기가 이 씨를 눈여겨봐왔다는 사실을 표
현했다. 아무리 이 씨가 보통의 사람이라고 해도 누군가에게 관심
과 사랑을 받는 걸 싫어하는 사람은 없다. 그래서 동료 3의 접근법
은 매우 현명하다. 또 이 씨가 보여준 것은 가족사진이므로 가족 모
두를 칭찬하면 더 좋다. 보통 가족을 칭찬해주면 자신만 칭찬했을

때보다 더 기뻐한다. 끝으로 질문 방식을 통해 상대를 높여주면서 자기와 이씨 사이에 연결고리를 만들었다. 이로써 둘의 관계는 더욱더 깊어질 것이다.

이렇듯 관계 사이에는 하나하나 자연스럽게 단추를 끼워가며 연결고리를 만들어야 한다.

평소 우리는 사람들을 많이 칭찬한다. 그런데 일방적인 칭찬으로 관계를 증진시키려고 하면 때로 반감을 사기도 한다. 때를 잘 잡아 평소 마음에 품고 있던 말을 표현하면 상대와 접촉할 기회를 만들고 더 좋은 대화를 끌어낼 수 있다.

다시 예를 들어보자. 친구에게 전화를 걸었더니 그가 "나 오늘 또 야근이야."라고 말했다. 이때 어떤 반응을 보이면 좋을까?

🙁 나쁜 말투

"정말 운도 없다."

"열심히 일하면 언젠가 기회가 올 거야."

🙂 평범한 말투

"아, 미안해. 그럼 방해 안 할 테니 빨리 끝내."

😊 끌리는 말투

"나도 야근은 정말 싫네. 근데 나도 너랑 같이 야근할 수만 있으면 좋겠다. 중간중간 대화도 나누고 말이야."

위 대화를 통해 우리는 대화의 요점을 세 가지로 정리해볼 수 있다.

나쁜 말투는 너무 냉정하게 사실만 이야기했다. 원래는 '정말 운도 없다'는 말로 상대방의 마음을 달래주려고 했겠지만 효과는 매우 부정적이다. 이런 부정적인 말은 상대의 기분을 더 나쁘게 만들 수 있다.

평범한 말투의 장점은 상대의 상황을 배려하면서 '나는 남에게 피해주지 않는 사람'이라는 이미지를 심어줄 수 있다. 하지만 대화의 태도가 너무 보수적이라 두 사람의 관계를 진전시키기 어렵다는 단점이 있다.

끌리는 말투는 상대가 말한 화제를 이용해 두 사람 사이에 생동감 있는 이야기를 새롭게 만들어냈다는 특징이 있다. 물론 이야기는 만일을 가정한 것이지만 여기에 담긴 감정은 진짜다. 그러니까 하기 싫은 일이라도 좋아하는 친구와 함께한다면 고통이 줄어든다는 마음을 전달하고 있는 것이다.

이런 화법은 다른 상황에도 적용할 수 있다. "나 오늘 정말 즐거운 일이 있었어."라는 말을 이용해 당신이 좋아하는 것을 상대에게 표현한다고 가정해보자. 여기에 만일 둘의 관계와 관련된 말만 한마디 덧붙여주면 그 의미와 느낌이 상당히 달라진다.

"나 오늘 정말 즐거운 일이 있었어. 너와 함께였다면 더 좋았을 거야."

상대가 자랑스러워하거나 관심 있어 하는 화제를 기억해두었다가 대화를 나눌 때 적절히 거론하는 방법도 있다.

다음의 대화를 보며 두 사람의 감정이 어떻게 흘러가는지 느껴보자.

왕 부장 **"뭐 하세요?"**

이 부장 **"제품 판촉 활동 계획을 짜고 있는데 좋은 아이디어가 안 나오네요."**

왕 부장 **"다른 회사들은 어떻게 했는지 한번 참고해봐요."**

이 부장 **"제 생각에는 당신 회사가 이 방면에서 뛰어난 것 같아요. 특히 세 가지 단계로 나눠서 홍보하는 게 효과가 정말 좋은 것 같아요. 혹시 이 제품 기획에 관해서 더 세부적으로 알려주실 수 있으신가요?"**

왕 부장 **"우리 회사가 그쪽 방면에서는 확실히 뛰어나죠. 아니면 제가 동료에게 물어봐서 약속을 잡아줄 테니 한번 만나보실래요? 서로 얘기를 나누다 보면 도움이 될지도 모르잖아요?"**

이 부장 **"좋아요. 아무리 어려운 문제라도 당신만 있으면 이미 절반은 해결된 것 같은 느낌이에요."**

위의 대화는 매우 가볍고 평범한 것처럼 보인다. 그러나 실제로는 이 두 대화가 두 사람의 관계를 매우 가깝게 만들었고 심지어 같은 전선에서 싸우는 일종의 '전우애' 같은 느낌이 들게 했다. 이런 느낌은 쉽게 만들어지는 게 아니다. 위 대화가 이렇게 마무리될 수 있었던 이유는 끌리는 말투로 대화를 나눈 두 사람 덕분이다. 둘은 상대가 던지는 말 한마디 한마디에 진심으로 귀를 기울였다. 두 사람의 대답을 보면 전부 상대의 말에 완전히 집중하고 몰입해야만 나올 수 있는 말이라는 걸 알 수 있다.

자신의 장점을
적절히 드러내라

서로 신뢰하는 관계를 만들려면 적절한 자기 자랑이 필요하다. 간혹 자신의 직함이나 직급을 소개하기 꺼려하는 사람이 있지만 누군가를 처음 만났을 때 자신의 가치를 재빠르게 알리는 방법 중 하나가 직함이나 직급을 알리는 것이다. 직위를 소개해 자신을 돋보이게 할 수 있다. 단, 자연스럽게 알려주는 것이 중요하며 상대의 감정을 잘 살펴야 한다.

명문대학 재학생 A와 B가 있다. 이들이 학교 행사를 맞아 사회 유명인사인 류 교수를 초청할 일이 생겨 각각 초청장을 보냈다.

A의 초청장

류 교수님, 안녕하십니까?

저는 ㅇㅇ 대학교 학생회장입니다. 이번에 학교에서 열리는 독서 행사에 교수님을 초청하고 싶습니다. 우리 학교는 국내 '985 대학'('985공정'은 1998년 5월 당시 장쩌민江澤民 주석이 베이징대학 건교 100주년 기념일에 즈음하여 선포한 일류 대학 육성 정책-옮긴이) 안에 드는 명문 캠퍼스로 이 행사에는 약 100명의 학생이 참가합니다. 만일 교수님이 이 행사에서 연설을 해주신다면 교수님의 영향력을 넓힐 수 있을 뿐 아니라 이번에 새로 출간하신 책도 확실히 홍보할 수 있으리라 생각됩니다. 행사는 무료로 진행되지만, 전체적인 구성과 운영은 매우 체계적입니다. 좋은 소식 기다리겠습니다.

B의 초청장

류 교수님, 안녕하십니까?

3년 전, 교수님이 처음 출간하신 책을 읽고 교수님의 팬이 되었습니다. 그 후로 3년 동안 제 삶은 적극적이고 주동적으로 바뀌었으며 선생님과 친구들과의 관계도 좋아졌습니다. 저는 지금 ㅇㅇ대학교의 학생회 부회장으로 일하고 있습니다. 교수님의 도움으로 삶이 변화되면서 정말 많은 것을 얻었습니다. 꼭 한 번 직접 뵙고 감사하다는 인사를 전하고 싶었습니다. 그런데 마침 저희 학교에서 독서 문화 행사가 열린다고 하여, 이번 기회에 교수님을 초청하여 감사 인사를 더불어 전하고자 합니다. 모든 학생이 교수님을 간절히 기다리고 있습니다! 열정과 패기, 그리고 전문성이 함께하는 이 행사에 꼭 참석해주시길 정중히 부탁드립니다.
좋은 소식 기다리겠습니다.

두 초청장이 주는 느낌은 완전히 다르다.

첫째, A의 초청장에는 류 교수의 감정을 돌본다는 느낌보다는 일종의 지나친 자기애가 드러난다. 학교 소개를 할 때 '985 대학'을 거론할 필요가 전혀 없었다. 이미 지명도가 높은 학교라는 걸 중국 사람이라면 누구라도 알 수 있기 때문이다. 이런 식으로 말을 계속하다가는 상대방의 반감만 높아질 뿐이다.

둘째, 사회적으로 이미 이름난 사람에게 '교수님의 영향력을 넓힐 수 있을 뿐 아니라'라고 말하는 건 기본적으로 그 사람의 영향력을 부정하는 꼴이 된다. 류 교수의 마음이 더 언짢아질 수밖에 없다.

셋째, 초청장을 보낼 때는 최대한 비용 문제는 언급하지 않는 것이 좋다. 사람과 사람의 관계에서 첫 번째 해야 할 일은 호감을 사는 것이다. 그런 다음에야 자기가 원하는 목적을 달성할 수 있다. 만일 호감도 제대로 생기지 않았는데 목적을 이야기한다면 본말이 전도되어 관계를 그르친다.

반면 B의 초청장은 세 가지 측면에서 칭찬할 만하다.

첫째, B는 류 교수에게 매우 익숙한 화제부터 접근했다. 제아무리 사회적으로 유명해 물질적으로 풍요한 사람이라도 여전히 다른 이들에게 인정받고 싶은 욕구가 있다. 특히 류 교수에게 저서는 자신의 생각과 소신을 담은 결과물일 것이다.

둘째, B는 류 교수가 알아야 할 주요 정보를 모두 전달했다. 학교의 이름과 자신을 담당하고 있는 일, 자기와 스승, 그리고 친구들과의 관계를 소개함으로써 자신을 적절히 자랑하고 홍보했다. 특히 A와 다른 점은 B는 비록 학생회 부회장직을 맡고 있지만, 류 교수에게 주는 감동과 느낌이 더 크다는 것이다. 류 교수는 이 초청장을 받고 많은 학생이 B의 뒤를 따를 것이라는 생각을 할 수 있다. 반대로 A의 경우 회장직을 맡고 있긴 하지만 사람들의 마음을 헤아릴 줄 모른다는 느낌을 받게 될 것이다.

셋째, B의 초청장은 이미 류 교수에게 하나의 독자 후기와 참고 사례를 제공한 셈이다. 이 서신을 읽고 류 교수는 성취감을 얻었을 것이다. 이렇게 기분이 좋아지고 마음이 열리면 자기가 구체적으로 어떻게 B의 인생에 도움이 되었는지 알아보고 싶어졌을 것이다.

우리 모두에게는 자기만의 특장점이 있다. 단지 그것을 잘 훈련해 표현하는 것이 필요할 뿐이다. 자기의 장점을 적절히 드러낼 줄 알면 회사나 상사, 친구와의 관계에서도 좋은 점수를 얻을 수 있다.

내 지인 중 능력 있는 기업가가 있다. 처음 그 대표의 비서를 만났을 때 참 괜찮은 사람이구나, 생각했다. 처음 만나 서로 자기소개를 하는 자리에서 그 비서가 "안녕하세요. 저는 대표님의 비서직을 맡고 있습니다. 운 좋게도 대표님과 함께 일한 지 벌써 10년이 되었네요."라고 말했던 것이 아직도 생생히 기억난다.

'운 좋게도'라는 말에는 대표에 대한 신뢰와 존경심이 담겨 있었고 '10년'이라는 세월에는 자신의 실력과 함께 대표에 대한 의리가 드러났다. 나중에 여러 번 그와의 만남을 통해 과연 나의 직감이 틀리지 않았다는 걸 알 수 있었다. 심지어 그는 술자리에서조차 '취중진담'으로 자기의 매력을 마음껏 발산했다.

한번은 그들과 매우 편안한 술자리를 함께했다. 그날은 모두 일 얘기는 접어두고 그 대표가 취미로 모으는 술에 대해서 이야기를 나누자고 했다. 한잔 두잔 술이 더해지자 취기가 올라 모두들 자기 사는 이야기와 근황을 말하기 시작했다. 그러던 중 그 비서가 이런 말을 했다.

"제가 지금껏 살아오면서 가장 존경하는 사람 두 분이 있는데, 한 분은 제 아버지고 또 한 분이 바로 대표님이죠. 대표님은 우리 회사가 자금이 부족해 쓰러지기 일보 직전일 때도 한 마디 불평이나 원망의 말을 하지 않으셨어요. 대표님의 그런 모습은 지금까지도 저에게 큰 감명을 주세요. 그리고 저희 아버지는 정말 평범한 사람이에요. 아버지는 사고가 자주 일어나는 직장에서 평생을 일하셨죠. 그런데도 은퇴 전까지 단 한 번의 실수나 사고도 내지 않으셨어요. 사람들은 저더러 열심히 일한다고 하지만 제 아버지에 비하면 전 아직 멀었어요."

비서의 '고백'으로 우리들 사이는 더욱 가까워졌다. 또 나뿐만 아니라 그 대표의 마음속에도 비서의 자리와 위치가 한 단계 올라가는 계기가 되었다. 특히 그날, 그런 분위기 속에서, 비서의 고백은 정말이지 적절했다.

자신을 적절히 드러내는 게 어려운 이유는 자연스러워야 하기 때문이다. 더군다나 영업직에 종사하는 사람이라면 더욱 그래야 한다. 자기를 너무 치켜세워도 안 될 뿐 아니라 상대가 듣기에 어색한 거짓말로 자신을 꾸며내도 안 된다. 영업을 하는 사람들에게 한 가지 조언을 한다면 인위적인 자기 자랑은 금물이라는 점이다. 대화 중에 유용한 정보를 자연스럽게 전하되 권위 있는 사람의 말을 빌려 말함으로써 자기의 권위를 높이는 방법을 시도해볼 것을 권한다.

예를 들어 부동산업계에서 일하는 사람이라면 새로운 고객을 만났을 때 "지금 입으신 옷이 ○○브랜드죠? 그 브랜드 사장님이 예전에 여기에서 집을 거래하셨어요."라고 말한다. 이 간단한 한마디로 당신은 든든한 '배경'을 갖는 셈이다.

서로 의견이 다를 때
대화법

누군가와 대화를 나눌 때 상대의 말을 순순히 잘 따르고 대답해 주면 그 사람의 인정을 받는다. 하지만 때로는 분명 상대와 나의 생각이 다를 때가 있다. 그럴 때 꼭 그의 생각을 고분고분 다 따라야 할까?

사실 이것은 말하는 태도와도 관련 있다. 어떤 이는 자기만의 원칙도 없이 다른 사람이 듣기 좋아하는 말만 한다. 이렇게 하면 곁에 친구는 많을지 몰라도 자기를 표현할 자유를 너무 많이 희생해야 한다. 상대방의 생각을 감히 부정하지도 못하고 그와 다른 생각은 입 밖으로 꺼내지도 못하는 것이다. 이런 태도는 결국 사회 부적응까지 초래할 수 있다. 말은 한 사람의 심리적 상태를 대변하는 것이라서 자유롭게 말하고 싶으면 먼저 내면이 자유로워야 한다. 그래서 우리는 상대에게 상처를 주지 않으면서 자신을 있는 그대로 표현하는 법을 배워야 한다. 먼저 평온한 마음으로 상대의 말에 귀 기울이고 반응해줘야 한다. 예를 들어보자.

A "요즘 건강보조식품들은 별 효과가 없는 것 같아."
B "그건 네가 잘 몰라서 하는 말이야."

이러한 '절대부정' 식의 대화는 서로의 반감만 불러일으키고 심지어 인신공격성 대화로 이어질 가능성이 크다. 이럴 땐 토론 방식으로 대화를 전개하면 상황을 전환하는 데 많은 도움이 된다.

A "요즘 건강보조식품들은 별 효과가 없는 것 같아."
B "다 그런 건 아니야. 진짜 건강이 안 좋았는데 건강보조식품을 먹고 효과를 봤다는 사람들을 봤거든."

이 대화의 장점은 일종의 토론 방식을 통해 상대의 말을 직접 부정하지 않고 더 열린 대화를 할 수 있도록 만든다는 데 있다. 일상생활에서 이러한 토론의 대화 방식을 유지하는 것은 매우 중요하다. 이를 위해서는 먼저 발화 속도를 늦추는 게 많은 도움이 된다.

우리 주변에는 상대의 말이 끝나자마자 곧바로 그 말을 받아치거나 반응하는 사람이 많다. 상대의 인정을 얻어내려고 아무런 생각도 거치지 않은 채 섣불리 반응하는 것이다. 가령 상대가 "우리 상

사는 정말 별로야."라고 한 말에 재빨리 "맞아. 진짜 별로야."라고 반
응했다고 하자.

어색한 상황이 싫어서 곧바로 이렇게 대답하면 그때는 그 사람이
당신의 친구가 된 것 같아도 진정한 신뢰와 존중을 얻기 어렵다. 상
대가 불평불만을 입에 달고 사는 사람일 경우 같이 맞장구를 쳐주
다가는 당신의 품격이 어디까지 망가질지 장담할 수 없다. 하지만
만일 문제에 대해 다른 시각을 제시하면 당신에 대한 그의 생각도
달라질 것이다.

A "우리 상사는 항상 내가 하기 힘든 일만 시켜. 진짜 짜증 나."
B "너희 상사 정말 별로다. 일부러 너 골탕 먹이려고 그러는 거 아냐?"
(혹은)
"야, 그래도 고마운 줄 알아. 널 좋게 보니까 일을 주는 거지."

B의 두 가지 대답은 모두 좋은 대화의 태도가 아니다. 첫 번째 방
식은 상대를 너무 동정하는 꼴이 되고 두 번째 방식은 상대의 분노
를 살 수 있기 때문이다. 하지만 만일 말하는 속도나 반응 속도를 조
금만 늦추면 다른 방향으로 대화를 풀어갈 수 있다.

B "어떤 일을 시키는데? 정말 네가 하기 힘든 일이야?"
A "지금 회사에 인턴이 세 명이 왔거든. 걔들 교육을 전부 나한테 다 맡

118

겼어."

B "와! 네 상사가 정말 너를 높게 평가하나 보다. 사실 나도 네가 충분히 리더의 자질이 있다고 생각하거든. 물론 한 번에 인턴 세 명을 모두 교육하는 건 좀 힘들 것 같긴 해."

A "아냐. 리더가 되기엔 아직 많이 부족해."

비록 마지막에 A가 그렇게 대답하긴 했지만 분명히 이 일을 바라보는 시각이 달라졌을 것이다. 이외에도 B는 A에게 다른 방법을 제시하거나 그의 생각을 물을 수도 있다.

B "그 세 명이 서로 팀워크를 이루도록 지도해주는 것도 좋겠다. 그들이 각각 어떤 장점이 있는지 파악한 다음에 서로 도와주도록 말이야."

(혹은)

"와! 네 상사가 정말 너를 높게 평가하나 보다. 사실 나도 네가 충분히 리더의 자질이 있다고 생각하거든. 물론 한 번에 인턴 세 명을 모두 교육하는 건 좀 힘들 것 같긴 해. 그래서 너는 그 문제를 어떻게 해결해야 한다고 생각해?"

이 질문에 A는 자기의 생각을 말할 것이고 이로써 둘은 토론을 이어갈 수 있다.

한편 질문에 대한 대답을 객관식으로 바꾸는 것도 좋은 해결 방법이 된다.

두 맥줏집이 같은 날 개업을 했다. 똑같은 메뉴로 영업을 했는데 시간이 흘러 한 집은 문을 닫았고 다른 한 집은 손님이 끊이지 않았다. 이유는 간단했다. 문을 닫은 그 집은 손님이 들어오면 종업원이 이렇게 물었다.

"감자튀김도 같이 하시겠어요?" 80%의 손님은 감자튀김을 주문하지 않았고 결국 이 맥줏집은 80%의 매출을 잃었다. 반면 다른 한 집은 종업원이 이렇게 물었다.

"감자튀김은 하나로 하시겠어요? 아니면 두 개로 하시겠어요?" 결국 이 집의 매출은 두 배 성장했다.

만일 누군가와 생각이 달라 반대 의견을 낼 때 이와 같은 태도를 유지한다면 상대에게 선택권을 주는 동시에 자기에게도 일종의 여지를 남길 수 있다. 다음의 상황을 예로 들어보자.

손님 "이 안마기가 잘 안 돼요. 환불해 주세요."
직원 "손님, 환불은 안 됩니다."

만일 직원이 이렇게 대답한다면 손님은 자기가 속아서 물건을 샀다는 생각에 더 강하게 환불을 요청할 것이다. 그런데 만일 이렇게 대응한다면 어떨까?

손님 "이 안마기가 잘 안 돼요. 환불해 주세요."

직원 "네, 손님. 환불해 드릴게요. 아니면 손님에게 더 어울리는 다른 제품으로 교환 가능합니다. 손님이 이 제품을 이미 사용해보셨기 때문에 혹시 어디가 불편하셨는지 말씀해주시면 제가 더 사용하기 편한 제품으로 추천해 드릴게요. 그러면 손님이 제품을 또 잘못 구매하는 일이 없을 것 같아서요."

이렇게 응대하면 손님은 직원이 최소한 자기 입장에서 문제를 생각하고 있다고 느끼고 그의 제안을 더 쉽게 받아들인다.

부정하는 대신 토론하는 방식으로

이처럼 자신과 견해가 다르다고 직접 부정하는 대신 토론으로 대화를 이어가자. 이것은 대화의 방식으로 보이지만 근본적으로는 문제를 바라보는 태도, 다시 말해 열린 마음과 관련 있다. 고객이나 상사를 대할 때 이런 방식을 사용한다면 상대에게 좋은 이미지를 남길 수 있다. 마찬가지로 가족 혹은 자기보다 약한 사람을 대할 때도 같은 태도를 유지한다.

한 아버지가 두 자녀가 싸우는 모습을 보았다. 두 아이는 삶은 달걀 하나를 가지고 서로 먹겠다고 다투는 중이었다. 사실 달걀을 반으로 잘라 하나씩 나눠주면 금방 해결될 일이었지만 아버지는 그렇게 하지 않았다.

그는 먼저 아이들에게 왜 싸우는지, 그리고 어떻게 하고 싶은지를 물었다. 그러자 미처 생각하지 못했던 대답이 나왔다. 두 아이는 모두 달걀이 먹고 싶지만 한 명은 달걀노른자가, 한 명은 달걀흰자가 먹고 싶다고 했다.

그는 아이들과의 토론을 통해 새로운 방법을 찾아내고 문제를 해결했다. 이것이 바로 토론의 결과이자 장점이다.

또 다른 예화가 있다. 한 아이가 아버지에게 물었다.

"아빠, 나는 대체 어디서 온 거예요? 아버지는 아이의 물음에 어떻게 대답해야 할지 몰라 대충 얼버무렸다. "애들은 그런 거 몰라도 된다."

이런 식의 대답은 부정적인 방식으로 대화를 종료시키는 셈이 되고 만다. 그런데 만일 아버지가 "왜 갑자기 그게 궁금해졌니?"라는 질문을 통해 토론의 방식으로 대화를 이끌어간다면 어떨까? 그러면 아이는 뜻밖의 대답을 할 수도 있다.

"오늘 학교에서 선생님이 새로 전학 온 친구를 소개하는데 쓰촨四川에서 온 아이라고 하시더라고요. 그래서 저도 제가 어디서 온 건지 궁금해졌어요."

위의 두 예화를 통해 상대가 누구든 토론의 방식으로 대화를 이끌어 가면 생각하지 못했던 대답을 들을 수 있다는 걸 알 수 있다. 주변에 가장 편하고 가까운 사람부터 시작해 그들의 감정을 돌봐주면서 진실하고 넓은 마음으로 관계를 이어가보자. 그래야만 고객이나 직장 동료 앞에서, 나아가 이 사회 속에서 똑같이 열린 마음으로 토론을 하고 좋은 언어습관을 유지할 수 있다.

자연스럽게
대화를 끌어내려면

사람과 사람 사이의 거리는 매우 미묘해서 말 몇 마디로 친해지는 사람이 있는가 하면 영영 거리를 좁히지 못하는 사람도 있다.

왜 그럴까? 관계를 결정하는 주된 요소는 목적성이 대화에 강하게 드러나는가, 아닌가이다. 만일 상대가 당신이 하는 말에 어떤 목적이 있다고 느끼면 아무리 미사여구가 동원된, 듣기 좋은 말이라도 거리감을 느끼게 된다. 반대로 언어를 통해 상대와 자연스러우면서도 이익이 결부되지 않은 관계를 맺게 되면 짧은 몇 마디에도 상대는 거기서 따뜻함을 느낀다. 다음의 구체적인 사례를 함께 살펴보자.

이해관계가 섞인 관계일 때

어느 정도 실리가 섞인 관계일 때는 상대의 감정을 봐가며 대화를 나눠야 한다. 딩딩은 유학생이다. 처음 해외 생활을 하는 그녀는 같은 국적의 친구들에게 많이 의지했다. 그러던 중에 국적이 같은 샤오왕을 만났고 이렇게 이야기를 꺼냈다.

"다른 나라에 와서 참 적응하기 힘들다. 그치? 네가 나를 챙겨줬으면 좋겠어." 그런데 이 말을 마치자 샤오왕이 그녀와 거리를 두기 시작했다.

이런 말하기 방식의 폐단은 상대의 감정을 고려하지 않았다는 데 있다. 두 가지로 살펴보자.

먼저 상대에게 태도를 강요했다. 물론 딩딩의 본래 의도는 좋았지만 어쨌든 상대에게 바라는 바가 있었다. 이런 표현을 할 때는 대화 상대가 누구인지, 그 사람과 어떤 관계인지, 이 말이 끝나고 나면 결과가 어떨지 충분히 생각해야 한다. 딩딩과 샤오왕은 비록 같은 국적이긴 했지만 둘은 전혀 알지 못하는 사이였다. 그러니 처음에는 상대의 관심사는 무엇인지, 혹은 의례적인 인사말로 상대의 감정을 살펴야 했다. 첫마디부터 상대에게 태도를 직접 강요하는 것은 옳지 못하다.

또한 딩딩의 인생을 대하는 태도가 긍정적이지 못했다. 물론 상대와 가까워지고 싶어서 그렇게 말한 거겠지만 그녀는 샤오왕의 처지를 자기 마음대로 가정했다. 그러니까 자기와 샤오왕을 모두 '현실 부적응'이라는 가여운 위치에 몰아넣음으로써 간접적으로 상대에게 상처를 준 것이다. 이런 긍정적이지 못한 사고와 태도는 두 사람의 관계를 오히려 멀어지게 한다.

그런데 딩딩과 똑같은 유학생 샤오왕은 다른 유학생 샤오리와 친한 사이다. 이 둘은 어떻게 해서 가까워졌을까?

하루는 샤오왕이 외출하고 돌아오는 길에 마주친 샤오리에게 이렇게 말을 걸었다.

"오늘 내가 외출을 했는데 정말 재미있는 광경을 하나 봤어. 나중에 사람들에게 물어보니까 중국인들은 잘 모르는, 감사를 표현하는 이 지역 사람들의 방식이래. 그래서 너에게도 알려주고 싶어서…."

샤오리는 샤오왕에게 고마운 마음이 들었고 두 사람은 그렇게 친해졌다. 비록 짧은 대화지만 이 말 속에서 샤오왕이 해주려는 이야기가 얼마나 재미있는지, 그리고 그녀가 샤오리와 얼마나 친해지고 싶은지를 알 수 있었기 때문이다.

동료나 친구를 칭찬할 때

😖 나쁜 말투
"오늘 네 옷 정말 예쁘다."

🙂 평범한 말투
"오늘 정말 품위 있어 보여."

126

😊 끌리는 말투

A "어제 내가 한 모임에 갔었거든? 거기에 엄청 유명한 패션 디자이너
가 왔어. 그 사람이 원래 꼼꼼하고 예리한 안목으로 이름 나 있는데 거
기서 품위 있고 세련된 스타일을 연출하려면 어떻게 해야 하는지 조언
을 해주더라. 그런데 그 디자이너를 보면서 네가 정말 대단하다고 생각
했어."

B "왜?"

A "그 디자이너가 입고 온 옷이 컬러며, 스타일이며 엊그제 네가 입고
왔던 옷이랑 완전 똑같더라고!"

나쁜 말투는 표면적으로 보이는 옷만 칭찬할 뿐 상대를 칭찬하지
않았다.

평범한 말투는 상대를 칭찬하긴 했지만 감정적인 요소나 세부적
인 칭찬이 배제되어서 그냥 상대를 평가하는 느낌이 든다. 이런 경
우에는 설령 좋은 평가라고 해도 상대에게 '말이 지나치다'는 느낌
을 줄 수 있다.

끌리는 말투의 장점은 상대의 품위를 직접 거론하지 않으면서도
실제 상황을 이용해 자기의 감정과 상대를 하나로 연결시켰다는 데
있다.

이성 친구와 약속을 잡을 때

😖 **나쁜 말투**

"이번 주말에 바빠?"

😐 **평범한 말투**

"이번 주말에 언제 시간 돼? 같이 밥 먹을까?"

😊 **끌리는 말투**

"얼마 전에 진짜 맛있는 스페인 식당을 알게 됐어. 평소에 거기 손님이 많아서 예약이 힘든데 네가 스페인 요리 좋아하잖아. 내가 이번 주말에 예약해놓을 테니 우리 같이 가서 먹자."

나쁜 말투는 우리가 흔히 보고 또 사용하는 대화 방식이다. 하지만 누군가와 약속 시간을 정할 때 이런 식으로 질문하면 문제가 생길 수 있다. 질문하는 사람은 정말 좋은 의도로, 예의 바르게 물어본 것일 테지만 그 말에는 상대를 배려하지 못한 한 가지가 있다.

요즘 현대인 중에 바쁘지 않다고 말할 사람이 몇이나 되겠는가? 많은 사람이 한가한 건 별 쓸모가 없는 것이라고 생각한다. 편협한 생각이라고 말하는 사람들이 있겠지만 실제로 대부분의 사람이 그렇게 인지하고 있다. 대다수 사람은 바쁜 게 좋은 것이며 그건 누군가가 자기를 필요로 한다는 뜻이고 그래야 자기가 가치 있고 열정이 넘치는 사람이라고 느낀다.

평범한 말투는 사람들이 무언가를 선택할 때는 합당한 이유가 필요하다는 것을 잘 인지한 질문이다. 상대는 당신이 던지는 질문의 의도를 파악하지 못하면 시간이 있어도 그 사실을 알려주고 싶어 하지 않는다.

가령 바쁘냐고 물었을 때 아무리 한가한 사람이라도 일단은 그 질문의 의도가 무엇인지 알고 싶어 한다. 왜냐하면 많은 사람이 자기에게 한 제안이 무엇이냐에 따라 상대에게 그 시간을 쓸지 말지를 결정하기 때문이다. 그래서 이 대화법의 장점은 상대와 함께 식사를 하고 싶은 의도를 명확히 말했다는 데 있다.

끌리는 말투는 인간관계의 본질을 정확히 이해한 제안이다. 사람은 자기가 어떤 이익을 얻을 수 있다고 생각하면 기꺼이 시간을 내어준다. 이 대화법은 평소 상대에게 관심이 있었다는 것을 잘 표현했다. 그리고 우리의 만남이 당신에게 이익이 될 것임을 자연스럽게 알게 하여 상대의 심리적 거부감을 없애 주말 데이트의 성공 가능성을 높였다.

바쁘다는 핑계에
대처하는 법

누군가에게 어떤 것을 제안했을 때 '바빠요'라는 대답이 돌아오면 자신이 거부당한 느낌을 받는다. 그런데 이 대답이 당신의 기분을 상하게 하는지 아닌지는 당신이 상대의 입장을 어떤 식으로 생각하느냐에 달려 있다.

십여 년 전, 인터뷰를 나가면 사람들에게 '바빠요'라는 말을 많이 들었다. 그때 나는 내가 학부를 갓 졸업한 사회 초년생이어서 깊이 있는 인터뷰는 어려우리라 판단하고 거절하는 거라고 여겼다. 그런데 지금은 이런 거절의 말을 듣는 경우가 거의 없다. 지금의 나는 내 능력이 그만큼 올라갔으며 업무 스킬이 좋아져서라고 생각한다.

거절의 이유가 정말 대학을 막 졸업한 초짜여서인지는 알 수 없지만 지금 돌아보면 그 당시 사람들이 자기의 가치를 더 많이 드러낼 수 있도록 말할 기회를 충분히 주지 않았던 것 같다. 그래서 그들도 어쩔 수 없이 바쁘다는 선의의 거짓말로 둘러대면서 나와의 마찰을 피하려 한 것이리라.

여러 상황에서 우리는 바쁘다고 거절하는 사람들을 만난다. 그럴 때 어떻게 대처하면 좋을까?

바쁘다는 말로 만남을 거절할 때

당신의 제안이나 부탁이 매우 중요하다는 걸 알지만 그것이 지금 당장 처리해야 하는 일이 아니라고 판단되면 바쁘다는 말로 잠시 미룰 수 있다.

예를 들어 당신이 정수기를 파는 영업사원이라고 가정해보자. 고객에게 정수기가 왜 중요한지 충분히 설명했고 고객도 당신이 파는 제품을 마음속 '장바구니'에 넣어 놨다. 이제 당신이 그 앞에서 정수기의 작동법과 기능을 시연하며 설명할 차례다. 고객도 그걸 봐야만 최종 구매를 결정할 수 있다. 그런데 정말 바쁜 일이 있어서 당장 당신에게 그 시간을 허락해줄 수 없으면 바쁘다는 말로 거절해 올 수 있다.

또 다른 예를 들어보자. 당신이 사업 파트너에게 한 가지 프로젝트를 제안했다. 이는 그의 장기적 목표달성에도 부합할 뿐 아니라 그의 업무 처리 이념과도 잘 맞아떨어진다. 또 그의 기업은 물론 개인적인 이미지 향상에도 도움이 된다. 하지만 지금 당장 그 가치와 효과를 나타내기 어렵다.

가령 파트너에게 자선활동이나 공익행사에 장기적으로 참여하자는 제안을 한 경우다. 그런데 파트너는 당장 처리해야 할 일이 너무 많은 데다 빠른 시일 내 가치를 드러낼 수 있는 일을 원한다. 이 경우 그는 당신의 제안을 거절하기도, 승낙하기도 어려울지 모른다.

이런 상황들 속에서 우리는 예의 바르고 정중하게 일의 '시급성'을 강조할 수 있어야 한다.

모든 사람이 당신에게 시간을 따로 내어줄 수는 없다. 하지만 당신의 진실한 마음과 태도가 더 많은 시간을 벌어줄 수는 있다.

제품을 판매하는 사람이라면 "최근 한 달 동안 32명의 고객님이 이 제품을 구매하셨어요."라는 말로 긴장감을 더하면서 구매 의사가 있는 고객에게 일종의 안도감을 줄 수 있다. 그런 다음에는 "오늘 많이 바쁘신 것 같은데 나중에 다시 찾아뵙겠습니다. 혹시 오늘 오후 5시나 내일 오전에 시간 괜찮으신가요?"라고 물어보는 것이다.

이런 식으로 선택을 유도하면 상대도 그 제안을 따라 당신에게 시간과 기회를 줄 것이다. 그리고 상대를 다시 찾아오겠다는 당신의 결심을 보여주는 것이 그 기회를 얻어내는 데 많은 도움이 된다.

바쁘다는 사람과 약속을 잡고 싶을 때

상대가 항상, 늘 바쁜 경우다. 당신은 그런 상대와 특별히 급하게 상의할 일은 없지만, 감정을 나누고 조금 더 가까워지고 싶다.

누군가와 감정을 나눈 후 사이를 가깝게 유지하는 것은 확실히 일상에서 필요한 스킬이다. 그런데 만일 상대는 늘 바쁘다고 거절하고, 당신은 매번 그 말을 받아들이고 그냥 넘어가면 둘의 사이는 가까워지기 어렵다. 결국 서로에게 계속 시간을 내주지 못하고 심지어 나중에는 이름도 기억 못 하는 사이가 될 수 있다.

인간관계 중에서도 고객이나 동료, 가족, 배우자 사이에서의 감정을 잘 다룰 줄 알아야 한다. 특히 상대가 늘 바쁜 사람이면 당신이 그와 함께하고 싶은 시간을 꼭 짚어서 말해주는 것이 좋다.

그런데 이럴 때 혹시 "나랑 같이 있어줘."라든지 "네가 나랑 같이 밥 먹어줬으면 해."라고 말한 적 있는가? 아니면 "나한테 시간 쓰는 게 그렇게 아까워?"라는 식으로 그 사람을 질타한 적 있는가? 안타깝지만 이런 화법들은 모두 똑똑하지 못한 말하기다. 이런 말로는 상대의 협조를 받아내기 어렵다.

상대와 약속을 정하려면 "네가 나한테 ~했으면 좋겠어."보다는 "네가 좋아했으면 좋겠다.", "나는 ~을 하고 싶어."라고 말하는 게 좋다. 그리고 그보다는 "네가 ~을 해도 돼."라고 제안하는 것이 상대의 흥미를 더 잘 끌어낼 수 있다.

예를 들면 이런 식이다. "요즘 많이 바쁘지? 나도 예전에 야근이 잦아서 지금 네가 얼마나 힘들지 충분히 이해해. 그래도 건강은 꼭 챙겨. 특히 요즘처럼 일이 많을 때 말이야. 얼마 전에 헬스클럽 회원권 끊어놨어. 언제 시간 되면 같이 운동 가자."

이렇게 말하면 다음에 상대와 만날 기회를 만들어낼 수 있다. 나아가 마침 당신의 제안이 상대가 원하는 것일 수도 있어서 훨씬 받아들이기 편할 수 있다.

거절한 사람의 마음을 다시 잡을 때

상대에게 일에 관해서만 말하고 그것과 관련된 가치는 언급하지 않는 경우 바쁘다는 거절의 말이 돌아올 수 있다.

특히 중요한 업무 행사와 관련해서 만남을 제안했는데 상대가 바쁘다고 거절을 해왔다. 그가 당신의 제안에 별다른 흥미를 느끼지 못했기 때문이다. 그런데 상대는 개인의 소양과 체면 때문에 "당신 얘기 정말 재미없어요. 별로 듣고 싶지 않네요."라든가 "당신이 보낸 업무 계획서는 체계적이지도 않고 재미도 없어요. 함께 일하고 싶은 생각이 조금도 안 드네요."라고 직접 말하지 못한다. 그렇다고 "그럼 이번 행사에 참여하면 재정적인 지원을 해주시나요?"라고 물어보지도 못할 것이다.

이런 상황에서는 매일같이 그 사람을 붙들고 언제 시간이 되는지 물어볼 필요가 없다. 도리어 다른 방식으로 기회를 찾는 것이 좋다.

예를 들어 당신의 제안이 상대에게 어떤 이익이 되는지, 그 사람의 입장에서 생각하고 현재 그에게 가장 필요한 것이 무엇인지 생각해 보는 것이다. 특히 대화 초반부에는 어느 정도 얘기가 잘 되다가 갑자기 맥이 끊긴 경우라면, 당신의 업무 계획서나 제안서가 상대에게는 전혀 매력적으로 느껴지지 않았을 가능성이 크다.

이럴 때는 먼저 전문성을 키우고 다시 적절한 기회를 찾아 상대에게 그 일과 관련된 가치를 보여줘야 한다. 가령 상대에게 제안한 행사가 강연이라고 해보자. 그 사람과 마주쳤을 때 '다시 뵙기만 기다렸어요.'라고 식상하게 말하는 것보다는 생각을 조금 바꿔서 다음과 같은 다양한 방법을 시도해보는 것이다.

먼저 예전에 그 강연에 참여한 적 있는 유명인사가 있다면 이를 보여준다. 이것은 그 행사가 얼마나 권위 있는 행사인지 상대에게 알려줄 중요한 기회다. 둘째, 강연의 후원사들을 동영상으로 찍어서 보여준다. 영향력을 키울 수 있다. 셋째, 강연의 청중이 대학생이라면 앞으로 그들이 세계에서 이름을 알릴 가능성 있는 꿈나무들이라는 걸 강조하자. 그래서 이 행사에서 강연하는 것이야말로 세상을 바꾸는 일이라는 사실을 알려주는 것이다. 이렇듯 여러 측면에서 이익을 설명해주면 그가 결정을 내리는 데 많은 도움이 될 것이다.

불쾌한 대화를
유쾌하게 바꾸는 비결

우리는 모두 재미있고 유쾌한 사람과 대화하기 원한다. 그런데 만일 그런 사람을 만나지 못한다면 당신이 유쾌한 사람이 되는 것은 어떨까? 특히 상대가 정말로 불쾌한 화제로 대화를 나누는 경우에도 당신은 '우아한 방식'으로 대처할 수 있다.

하지만 혹자는 '상대가 그런 식으로 나오면 나도 똑같이 반응해야 하지 않나?'라고 생각할 수 있다. 그렇지만 상대의 말이 무슨 뜻인지, 그 말에 악의가 숨어 있는지 없는지는 내가 어떻게 해석하느냐에 달려 있다. 예를 들어 상대가 사용하는 말 한마디, 동작 하나, 눈빛 등을 호기심이나 무의식적인 습관으로 보느냐 아니면 그것을 도발 혹은 위협으로 느끼느냐는 온전히 판단하는 당신의 몫이다.

두 사람 사이에 싸움이 일어났다. 한 사람이 먼저 왜 쳐다보냐고 묻자 나머지 한 사람이 당신을 본 게 아니라고 대답했다. 결국 두 사

136

람은 그 일로 크게 싸움이 붙었고 나중에는 주변 사람들이 뜯어말리는 지경에 이르렀다. 이런 종류의 사회 뉴스는 일상에서 쉽게 접할 수 있다.

그런데 관계 속에서 일어나는 상처와 오해는 단 세 마디만으로도 해결이 가능하다.

한번은 한 영업사원이 수심이 가득한 얼굴로 나를 찾아왔다. 그는 자기가 정말 열심히 노력했는데도 고객이 계속 냉담한 태도를 보인다고 고민을 털어왔다. 그는 얼마 전 고객이 자기에게 던진 한마디가 자기가 몸담은 업계는 물론 자기 자신에게까지 깊은 회의감이 들게 했다고 말했다. 고객이 한 말은 다름 아닌 "다시는 오지 마세요."라는 것이었다.

나는 진심을 다해 다음과 같이 충고해주었다. 먼저 그 말은 세 가지 관점에서 해석해볼 수 있다고 했다. 첫째, 고객이 거절한 것은 제품이지 당신이 아니다. 그러니 인격적으로 상처 받을 필요가 없다. 둘째, 상대가 그렇게 모질게 말한 것은 당신의 반응을 시험하기 위해서일 수도 있다. 당신이 다시 그 고객을 찾지 않는다면 제품에 대한 자신감이 부족하다는 걸 증명하는 결과를 보이게 된다. 한편으로는 많은 사람들이 그렇게 상처 주는 말을 하고 나서 뒤늦게 죄책감을 느끼고 무언가 보상해 줘야 하는 게 아닌가 하는 심리가 생기기도 한다. 그러니 다음번 방문이 어쩌면 당신에게는 기회가 될 수 있는 것이다. 셋째, 그를 다시 찾을 때는 상대의 성격을 감안해 전과는 다른 화법을 사용하도록 하라.

상대가 마음이 풀린 경우

A "제가 전에 다시는 오지 말라고 말하지 않았나요?"

B (웃으며) "제게 하셨던 모든 말씀은 다 기억하는데 유독 그 말만 기억이 나질 않네요."

이 대답이 어색한 분위기를 풀어줄 것이며 상대가 당신에게 얼마나 중요한 고객인지, 당신이 얼마나 마음이 넓은 사람인지 알려주는 계기가 될 것이다.

상대가 농담을 좋아하지 않는 경우

A "제가 전에 얘기하지 않았었나요? 다시는 뵙고 싶지 않다고요."

B (상대의 눈을 보면서 진심을 담아) "그렇게 말씀하시는 이유는 제가 전에 고객님을 너무 자주 찾아와 귀찮게 했기 때문이죠. 불편하게 해드려 죄송합니다. 그래서 오늘은 일주일 만에 찾아왔습니다."

이는 상대의 실수나 허점을 꼬집는 말이 아니기 때문에 난처한 상황을 모면할 수 있다. 다시 말해 문제의 원인을 자기에게서 찾고 상대의 모진 말이 두 사람의 상호작용으로 인한 결과임을 분석해내면 긍정적인 대화로 이어질 수 있다.

상대가 당신의 반응을 관찰하는 경우

A "제가 전에 얘기하지 않았었나요? 다시는 뵙고 싶지 않다고요."

B "네. 그 말을 듣고 많은 생각을 했습니다. 고객님께 불편과 어려움을 드리는 건 저도 정말 원치 않아요. 그래서 이 제품이 정말 고객님께 필요한 건지 아닌지 몇 날 며칠 고민을 해보았습니다. 오랜 고민 끝에 이 제품이 고객님께 정말 도움이 될 수 있다는 결론을 얻었습니다. 이 사실을 알려드리고 고객님에 대한 책임을 다해야 할 것 같아 이렇게 다시 찾아왔습니다."

이 대화법은 상대의 실수나 잘못을 질책하지 않았다. 대신 자기의 고민과 생각을 빌려 미안한 감정을 느끼고 있을 상대의 마음을 건드렸다. 나아가 정직하고 올곧은 업무 태도를 보여줘 상대를 감동시켰다.

위 사례에서 가장 중요한 것은 당신이 어떤 태도를 취하든 모든 전제는 상대를 당신과 완전히 대립되는, 냉혈한이나 나쁜 사람으로 가정할 필요가 없다는 점이다. 그렇지 않으면 그와 싸우는 것 외에는 그 어떤 말로도 당신의 분노와 서운함을 잠재우기 어렵다.

내가 이렇게 말하는 이유는 일찍이 업무와 관련해 이런 일을 겪어봤기 때문이다. 당시 나는 내게 매우 중요한 사람과 업무 협조에 관해 할 이야기가 있었다. 그래서 수차례 그에게 메시지를 보냈지만 아무런 답장이 없었다.

그때는 그 일이 내게 정말로, 너무나 중요한 일이었다. 하지만 상대는 늘 국내외 출장을 다니느라 자리를 비운 상태였다. 그는 늘 바빴다. 당시는 교통이 지금처럼 발달하지 않아서 직접 찾아가는 것도 쉬운 일이 아니었다. 더군다나 그때는 SNS 메신저 같은 것도 없어서 그 사람과 친구 맺기를 한 다른 사람에게 연락을 해볼 수도 없었다. 다시 말해 나를 도와줄 다른 사람을 찾는다는 건 생각하기 어려웠다. 그래서 나는 문자메시지에만 의존할 수밖에 없었다.

그때 내게 필요한 건 단순한 끈질김이 아니라 버텨내야 한다는 마음가짐이었다. 내가 만일 상대를 아주 오만한 사람으로 생각했다면 매일 그에게 문자메시지를 보낸다는 것 자체가 고통일 수밖에 없었다. 그러면 그 메시지에는 분명 억지스러움이 묻어났을 것이다. 그런 억지스러움은 나의 열정에도 영향을 미칠 게 뻔했다. 하지만 나는 상대를 매우 착한 사람으로 가정했다. 그래서 상대가 나의 제안에 대답하고 싶으면서도 그 제안이 구체적으로 어떤 건지 모르니까 망설이고 있을 거라고 생각했다. 게다가 내 문자메시지를 보고 마음이 동했지만 오랫동안 답장을 못했던 상황이라 첫 마디를 어떻게 꺼내야 할지 모를 것이라 가정했다.

이렇게 먼저 나는 상대를 매우 좋은 사람으로 가정하고 인정했다. 그런 다음 나 자신에게 이렇게 되뇌었다.

'이번 일이 성공하면 크게 성장할 거야. 하지만 성공하지 못한대도 잃을 건 없어.'

과연 내가 늘 주문처럼 강조하는, '연속으로 일곱 번 거절할 사람은 없다'는 말처럼 상대는 한 달 안에 내가 여덟 번째 메시지를 보내자 곧바로 이렇게 답장을 보내왔다.

"만나서 얘기할까요?"

위의 분석은 모두 불쾌한 대화나 이야기를 유쾌하게 만들고자 하는 심리를 기반으로 한다. 사람들과 이야기를 하다 보면 대화는 마치 춤을 추는 것처럼 앞으로 나갔다가 뒤로 물러나기도 하며, 공통점이 있다가도 차이점이 있다는 걸 발견하게 된다.

설령 상대가 당신의 마음을 불편하게 하는 말을 했더라도 그 사람이 절대 악의가 있어서 그렇게 말한 건 아니라고 가정해보자. 그러면 당신은 자신이 얼마나 재미있고 유쾌한 사람인지를 발견하게 될 것이다.

그렇다면 사람의 마음을 불편하게 만드는 대화에는 무엇이 있는지, 그리고 그에 대한 적절한 대처법에는 어떤 게 있는지 다음의 세 가지 상황을 통해 구체적으로 살펴보자.

상대가 말실수를 했을 때

이런 상황에는 꼭 뭐라고 대답하지 않아도 좋다. 그저 미소 한 번 지어주면 그만이다.

한 유명 MC가 겪었던 일이라고 한다. 한번은 그가 식당에 밥을 먹으러 갔다. 거기서 자신의 여자 친구가 어떤 남자와 함께 식사하는 모습을 보고 말을 건넸다.

"아버지랑 같이 식사하러 온 거야?" 그랬더니 그녀가 "내 남자친구야."라고 대답했다.

그는 자기가 크게 말실수를 했다는 사실을 깨달았다. 그 자리에서 빨리 도망가는 수밖에 없다고 생각했다. 솔직히 그 말을 들은 그녀는 수치심과 자괴감을 느낄 수도 있었다. 하지만 정말 똑똑한 사람은 상대의 이런 실수로 화를 내거나 싸움을 벌이지 않는다.

그녀는 그저 담담한 미소로 화답했다. 이런 상황에서 똑똑한 사람만이 취할 수 있는 자세였다.

상대의 가치관이 당신과 다를 때

예를 들어 가십거리나 다른 사람 험담을 좋아하고 마음이 좁고 잘 삐지는 친구가 있는데 꼭 당신과 같이 어울리고 싶어 한다. 이런 상황에서 대화를 나눌 때는 일부러 그 사람의 장단에 맞춰주거나 같이 다른 사람 흉을 볼 필요는 없다.

이런 사람이 당신 앞에서 제삼자를 욕할 때 당신은 억지스러운 상대의 논리에서 벗어나야 하며 그것을 구체적으로 평가하거나 판단할 필요가 없다.

가령 상대가 "OO는 스타일이 정말 꽝이야.", "OO는 진짜 인성이 글러 먹었어.", "OO는 너무 바보 같아.", "OO는 품위가 없어."

등의 말을 하면 당신은 친절하게 상대에게 이렇게 일러주기만 하면 된다.

"너는 조금 세련된 사람이라고 생각하는구나. 그럼 스타일이 별로라고 생각되는 사람들이 있어도 말을 조금만 아껴보는 건 어때? 너는 그 사람들한테 없는 걸 이미 가졌잖아."

이런 식의 적절한 화제 전환으로 상대와의 마찰을 피하면서 자신의 양심을 지킬 수 있다.

무례한 질문을 받았을 때

상대가 조금 무례한 질문을 던졌을 때 아무 대답도 안 하기는 어렵다. 예를 들어보자.

A "이번에 집 샀어?"

B "아직 천만 원이 모자라서 도와줄 친구를 찾고 있어."

이럴 때는 가벼운 말로 받아칠 수 있다. 상대는 분명 화제를 다른 것으로 전환할 것이다.

A "남자친구는 생겼어?"

B "괜찮은 사람 있으면 네가 소개 좀 해줘."

A "하하하."

또 다른 예를 들어보자. 어떤 행사에서 있었던 일이다. 공개적인 강연 자리였는데 어떤 사람이 나에게 이렇게 질문을 던졌다.

"선생님, 혹시 저를 기억하시나요?"

질문을 던진 사람은 나의 팬이었다. 하지만 그때는 그가 누군지 정말 기억나지 않았다. 공개적인 자리였기 때문에 만일 내가 "아니요. 잘 모르겠어요."라고 대답하면 그 사람도 체면이 구겨지고 속사정을 모르는 사람들은 내가 매우 정 없는 아저씨라고 생각할 터였다.

그래서 나는 웃으며 이렇게 대답했다.

"지금 제가 나이를 먹었는지 아닌지 테스트하시는 건가요?"

내 대답에 자리에 있던 사람들이 조용히 웃었다. 그 팬도 똑같은 질문을 다시 하지 않고 곧바로 다른 질문을 했고 나는 거기에 정성껏 대답했다. 이렇듯 우리 모두는 난감한 질문을 유쾌하게 웃어넘길 수 있다.

자존감은
대화의 기본 원리

소통 전문가들이 친밀한 관계 형성에 관한 조언을 할 때 자주 하는 말이 있다.

"당신과 배우자 사이에 공감대를 형성하려면 대화를 나눌 때 먼저 상대가 좋아하는, 관심을 보이는 화제를 찾는 게 좋습니다. 가령 상대가 좋아하는 일에 주의를 기울인다든지 상대가 배우고 있는 것을 함께 배운다든지 하는 것이죠. 그러면 함께 이야기할 주제가 많아집니다."

하지만 이것은 실제로 적용하는 데 많은 어려움이 따른다. 이유는 다음과 같다.

첫째, 만약 상대가 좋아하는 분야가 금융이나 과학기술, 최첨단 의료기술 등이라면 짧은 시간 안에 터득할 수 있는 정보에 한계가 있으므로 적절한 화제를 찾아내기 어렵다. 이런 불편한 마음과 생각을 가진 채 대화를 시작하면 상대 역시 그 감정을 고스란히 느껴 대화가 억지스럽다는 느낌을 받는다.

둘째, 상대가 너무나 잘 알고 있는 분야에 관해 대화를 나누다 보면 오히려 우스운 꼴을 보이기 쉽다. 대화 초반부에는 당신과 이야기하고 싶은 마음이 들었다가도 당신이 알아낸 정보가 정확하지 않다면 후반부로 갈수록 흥미를 잃고 오히려 당신에게 실망하는 일이 생길 수 있기 때문이다.

셋째, '평행'의 원리를 잘 터득해야 한다. 이것은 내가 특별히 강조하고 싶은 점이기도 하다. 모든 사람은 자기를 존중하는 마음이 있어야 한다. 관계에서 일방적으로 상대를 위해 늘 헌신하기만 하고 아무런 보상을 얻지 못하면 결국에는 그 사람을 원망하는 마음이 생긴다.

대화의 원리도 똑같다. 자기는 알고 싶지도 않은데 상대가 관심을 기울이는 것에만 초점을 맞추고 이야기를 나누다 보면 어느새 억울한 마음이 들어 일종의 보상심리가 생긴다.

만약 상대의 반응이 적극적이어서 당신의 기대심리가 어느 정도 충족된다면 둘의 관계는 그런대로 잘 이어갈 수 있다. 하지만 만일 상대가 좋아할 것 같은 화제만 골라서 억지로 대화를 나누다 보면 상대는 오히려 냉담한 반응을 보이기도 한다. 겉으로는 당신이 하는 말을 듣고 있는 것 같지만 완전히 다른 생각에 빠져 있거나 아무런 대꾸를 하지 않을 수도 있다. 그렇게 되면 둘 사이는 더 어색해지고 서로 마음의 상처를 입는다.

좋은 대화는 두 사람 모두 대화의 '좋은 기운'을 느끼게 한다. 축구에는 전혀 관심 없는 사람이 상대를 위해 억지로 축구에 관한 이야기를 나누다 보면 자기도 모르게 위축된다. 이런 왜곡된 감정과 생각이 즐겁지 못한 분위기를 형성하고 더욱 자신감을 잃게 만든다.

그렇다면 이렇게 상대의 비위를 맞추고자 하는 대화를 피하고 싶다면 어떤 방식으로 대화를 나누는 것이 좋을까?

사실 비위를 맞추는 것과 상대의 요구를 만족시키는 것, 이 두 마리 토끼는 한 번에 모두 잡을 수 있다. 중요한 것은 그런 생각과 의식을 계속 유지하는 것이다.

예를 들어보자. 한 전업주부가 있다. 밖에서 일을 하지 않기 때문에 남편이 집에 돌아와도 회사 일에 관한 이야기를 나누기란 어렵다. 그럼 어떤 대화를 나눠야 할까? 가장 먼저 자신감을 가져야 한다. 회사에 나가 일하지 않는 전업주부라는 이유로 함부로 자신을 비하하지 말아야 한다. 오히려 자기가 더 뛰어날 수 있다는 사실을 인지해야 한다. 왜냐하면 남편이 알고는 싶지만, 기회가 없어 알지 못한 많은 일을 말해줄 수 있기 때문이다.

상대가 가장 힘들어하고 아파하는 것이 무엇인지를 생각한다면 이야기의 주제는 자연스럽게 상대의 감정을 맞춰주는 방향으로 흘러갈 수 있다. 나아가 상대가 가장 관심을 기울이는 정보를 제공해주기도 한다.

위에서 든 예를 다시 이어가보자. 직장에서 이리저리 치이며 일하는 한 아버지가 있다. 그가 비록 가정에서 일어나는 일에 매우 관심이 있고 신경을 쓴다고 해도 혼자서 이해할 수 있는 정보에는 분명 한계가 있다. 자녀의 고민을 들어주고 함께 나누고 싶지만 조언해줄 적절한 기회를 찾지 못한다거나 지금 자신의 가정이 화목한지 아닌지 확인하고 싶지만 스스로 판단을 내리기 힘들다. 가장인 자신만이 해결할 수 있는 가정의 문제가 존재하지만 모를 수도 있고 직장에서 힘들게 벌어온 돈이 가정에서 잘 운용되고 있는지, 재테크 계획은 잘 되어 있는지 알고 싶지만 알 수 없는 상황이 생길 수도 있다.

이렇게 많은 것을 알고 싶지만 도무지 알 방법이 없을 때는 아내의 도움이 필요하다. 이런 문제는 아내가 꺼낸 좋은 이야기들로 해결할 수도 있고 가족들 사이의 관계도 더 좋게 회복시킬 수 있다. 자녀가 학교에서 겪은 재미난 일을 말해주는 것이 관심도 없는 축구 이야기를 하는 것보다 훨씬 유쾌하며 집안 행사나 모임을 알려주는 것이 잘 모르는 투자 이야기보다 훨씬 가치가 있다. 가족이나 친구의 소식을 전하는 것이 알지도 못하는 인공지능에 관해 이야기를 나누는 것보다 훨씬 편안할 수 있다.

또 다른 예를 들어보자. 말주변이 없는 한 남자가 있다. 그는 아주 재미있는 대화로 이성과 가까워지고 싶다. 그렇다면 어떤 방식으로 이야기를 이끌어가는 것이 좋을까? 그리고 만일 상대가 자신이 잘 모르는 화제를 꺼낸다면 어떤 식으로 대화를 계속 이어가야 할까?

"오늘 뭐 하셨어요?"

"요가를 했어요."

"저는 요가가 재밌는 걸 모르겠어요."

아마도 이렇게 대화하는 사람은 드물 것이다. 이 대화에서 가장 큰 문제는 부정적 사고방식에 있다. 부정적 사고방식은 상대에게 거부감을 불러일으키기 쉽다. 그 한마디가 관계를 끊어버리기도 한다. 다음의 몇 가지 대화를 함께 살펴보자.

😵 나쁜 말투

"오늘 뭐 하셨어요?"

"요가를 했어요."

"잘하셨네요."

이 대화는 틀린 게 없어 보이지만 화제를 찾아내기 위해 억지로 말을 건넨 것 같은 느낌이다. 결과적으로 보면 마지막 말을 한 뒤에 대화가 중단되어 다시 새로운 화제를 찾아야 한다.

😐 평범한 말투

"오늘 뭐 하셨어요?"

"요가를 했어요."

"요가를 하면 어떤 점이 좋나요?"

"요가는 다른 운동에 비해···."

이 대화의 장점은 상대방이 왜 요가를 좋아하는지 알 수 있다는 데 있다. 여기서 한 가지 더 보충하고 싶은 것이 있다. 많은 사람이 대화를 나눌 때 상대방의 말을 잘 경청하고 있다는 것을 보여주려면 그 사람이 사용한 어휘나 단어를 반복하라고 조언한다. 물론 이 방법은 상대가 한 말에 어떻게 반응해야 할지 모를 때 효과적이다. 하지만 한 단계 깊어지고 싶은 관계라면 상대는 당신이 그 대화에 깊이 빠져 있고 진심으로 귀 기울이고 있다는 느낌을 원한다. 이런 상황에서 키워드를 생각 없이 반복해서 사용하면 오히려 대화가 어색해진다. 특히 그 어휘를 빈번하게 사용하면 상대의 반감을 살 수 있다. 예를 들면 이런 식이다.

"오늘 뭐 하셨어요?"

"요가를 했어요."

"요가를 하셨어요?"

"네, 제가 요가를 정말 좋아하거든요."

"아, 요가를 정말 좋아하세요?"

"네, 정말 좋아해요."

"아, 정말 좋아해요?"

"네, 그렇다니까요. 대체 무슨 말씀을 하고 싶으신 거예요?"

이렇듯 대화 속의 키워드를 중복해서 사용하는 방법은 처음에는 효과가 있지만 몇 번 반복하고 나면 다음의 대화를 이어갈 수 없다.

😊 끌리는 말투

"오늘 뭐 하셨어요?"

"요가를 했어요."

"요가는 얼마나 주기적으로 하는 게 좋은가요? 저는 농구를 좋아하는데 일주일에 한 번 정도밖에 하지 않거든요."

"요가는 농구랑은 좀 달라요. 일단 농구처럼 장소에 제약이 없죠. 저는 3일에 한 번씩 해요."

"굉장히 규칙적으로 하시네요. 평소 생활도 규칙적이실 것 같아요. 그렇죠?"

"그런 편인 것 같아요. 일이 그렇게 바쁘지 않거든요."

"좋네요! 그럼 내일 혹시 시간 되시면 제가 식사를 대접해도 될까요? 배불리 드시고 괜찮으시다면 요가도 좀 가르쳐주시고요."

"하하, 정말 재밌으시네요. 네, 괜찮을 것 같아요."

상대의 말 한마디 한마디에 귀를 기울이고 그 언어를 사용해 관계를 발전시킬 기회를 마련하는 것을 볼 수 있다.

화가 난 상대와
대화할 때의 팁

대인관계에서 문제가 생겼을 때 좋은 대화는 상대의 닫힌 마음을 열어주는 열쇠가 되기도 한다. 다만 먼저 상대의 감정을 제대로 처리하는 법을 알아둘 필요가 있다. 많은 경우 방법이 잘못되어서라기보다는 감정을 잘 처리하지 못해서 문제가 발생하기 때문이다.

예를 들어 우리는 사람들이 "걱정 마세요. 전 그냥 당신과 같이 밥을 먹고 싶은 것뿐이니까요. 업무 얘기는 하지 않을게요."라고 말하는 경우를 종종 본다.

결과는 어떤가? 둘이 식사를 하고 나면 기분이 좋아져서 그 사람의 업무 문제를 먼저 나서서 적극적으로 도와주고 싶은 마음이 생긴다.

이것이 바로 감정의 힘이다. 우리는 화가 난 사람을 봤을 때 먼저 문제의 핵심은 '상대의 분노'라는 사실을 인지해야 한다. 그 사람의 분노가 가라앉고 나면 다른 문제는 애써 해결할 필요 없이 자연스럽게 없어지기도 한다.

상대가 감정이 격해졌을 때는 화가 지나친 나머지 이성적으로 생각하기 힘들다. 이때 들어주는 사람이 가장 먼저 해야 할 일은 그 사람의 감정을 이성적으로 생각하고 바라보는 것이다.

가끔 누군가 당신에게 화를 내거나 소리를 지르면 당신은 뭐라고 대꾸하는가? 혹시 "그렇게밖에 말 못 해?"라든가 "지금 네가 한 말 절대 용서 못 해"라고 하지 않는가? 하지만 이런 말은 아무런 효과가 없다. 이미 격해질 대로 감정이 격해진 상대가 성난 호랑이처럼 달려들면 당신은 피하지 말고 그 자리에 서서 냉정하게 "이리로 오지 마."라고만 경고하면 된다.

상대가 아무리 감정이 지나치게 격해져서 더는 이성적으로 당신과 소통할 수 없는 지경에 이르렀다고 해도 결국 시간이 지나면 다시 이성을 찾게 된다.

그러니 당신은 한 가지만 기억하면 된다. 무슨 일이든 해결할 방법은 있다. 그러니 소리를 지르며 흥분할 필요가 없다.

일단 상대가 화가 났다는 사실을 알았으면 먼저 일종의 완충 작업을 한다. 즉, 상대와 직접 부딪히기보다는 다른 일을 통해 문제가 될 만한 일을 비켜가는 것이다.

예를 들면 "자, 날도 더운데 화내지 말고 물 한잔 마셔."라고 하면서 대화 전의 준비 작업을 하는 것이다. 찬물을 따라주고 나면 잔뜩 화가 나 있던 상대의 기세나 신체의 언어들이 조금 누그러들고 당신의 세심한 배려로 분노가 다소 사그라질 것이다. 그러고는 상대를 의자에 앉히고 휴지 한 장을 건네준다. 이런 작은 행동이 상대의 화를 진정시키는 데 많은 도움이 된다.

대화의 준비단계를 마치고 나면 본론으로 들어간다. 여기서 주의할 점이 있다. 문제의 핵심은 상대가 불평하며 털어놓는 각종 문제가 아닌 '상대의 화난 상태'라는 사실이다.

대화의 첫 마디는 "너를 이렇게 화나게 한 일이라면 분명 보통 일이 아닐 거야."라고 시작하는 게 좋다.

안심하라. 이런 말을 한다고 해서 그가 방금 당신이 따라주었던 물을 당신의 얼굴에 들이붓는 일은 절대로 없을 테니. 이 말은 화가 나 있는 사람 대부분에게 효과가 있다. 사실 화를 내는 대부분의 이유는 정말 소소하고 평범하다. 미치고 펄쩍 뛰겠다는 사람들이 말하는 각양각색의 이유를 다 들어보았지만 때로는 그 이유가 지나치게 사소하고 별 볼 일 없어 놀란 적도 많았다. 길어 보이지만 짧은 우리 인생에서 죽어도 용서 못 할 일은 그리 많지 않다. 99%의 상황은 당사자가 분노를 절제하지 못해 화가 점점 더 커지기 때문에 일어난다.

"너를 이렇게 화나게 한 일이라면 분명 보통 일이 아닐 거야."라는 건 다시 말해 상대가 정말 좋은 사람이라는 뜻이기 때문에 그의 무의식에서도 '좋은 역할'을 감당하는 작업이 시작된다. 그러면 당신이 굳이 먼저 말을 꺼내지 않아도 상대가 알아서 자기의 화난 감정을 쏟아내기 시작한다. 이때 무조건 상대의 감정을 인내하고 받아주는 것이 좋다는 생각은 초보적이다. 상대가 마음대로 감정을 쏟아내면 당신 스스로 위축될 뿐 아니라 지금까지 대화를 준비했던 작업이 수포로 돌아갈 수 있다. 다시 말해 당신이 공들여서 해놓은 사전작업이 모두 무너질 수 있으며 간신히 '좋은 역할'을 하도록 상대를 유도해놓았는데 여기서 멀어질 수 있다.

분노에 가득 찬 사람에게 당신이 머리를 숙이고 잘못을 인정하면 오히려 말할수록 더 화가 나도록 종용하는 꼴이 된다. 화가 날수록 목소리는 높아지고 목소리가 높아지면 다시 분노가 차오르는 악순환이 계속되어 상황을 통제하기 어렵다.

이런 초보적인 발상의 오류는 상대가 현재 화가 나서 이성적으로 사고할 수 없다는 점을 간과한 것이다. 당신이 해야 할 일은 상대가 이성적으로 잘 사고할 수 있도록 유도해주는 것이지 그의 감정을 한층 격화시키는 것이 아니다. 한마디로 당신이 그를 도와줘야 한다!

상대의 화를 잠재우는 법

상대가 이성적으로 사고할 수 있도록 도와주는 방법에는 두 가지가 있다. 그가 당신에게 화를 내는 거라면 곧장 펜과 종이를 찾아서 그의 말을 적어보자. 상대에게는 이렇게 말하라.

"네가 말하는 걸 적어야겠어. 진짜 문제가 뭔지 잘 알 수 있게 말이야. 그래야 우리가 이어서 대화를 나누는 데 도움이 될 것 같아."

이는 똑똑한 사람이 사용하는 화를 잠재우는 방법이다. 간단해 보여도 순간적으로 상대가 사건의 진상을 이성적으로 판단하게 하는 데 도움이 된다. 이 방법을 사용하면 상대가 말을 하면서 잠깐씩 멈추거나 기억을 더듬고, 말하면서 생각을 한다는 사실을 발견할 것이다.

예를 들어보자. 한 여성 고객이 명품 매장의 직원에게 클레임을 걸었다. 이유는 이러했다.

"이 매장에서 판매하는 제품이 비싸다고 했더니 점원이 그럼 다른 데 가서 사라고 하잖아요. 무심결에 한 말이었다고 해도 제가 듣기에는 저를 무시하는 말 같았어요. 아니, 고객이 비싸다고 하면 그 의견을 반영해서 개선해야 하는 거 아닌가요?"

일단 여기까지 말했다면 아무리 불만이 있거나 화가 나 있어도 그 점원과 싸우거나 하는 일은 없다. 그러니 가장 큰 위험은 사라진 셈이다. 이 과정에서 어떤 훈계조의 지도나 조언은 삼가야 한다.

예전에 들은 얘기다. 어떤 사람이 잔뜩 화가 난 사람에게 조언을 한답시고 "사실 사람이 화를 내는 진짜 이유는 다 자기의 무능함에 분노를 느끼기 때문이야."라고 했다가 본전도 못 찾았다.

감정을 잠재울 때 생기는 가장 큰 문제는 보통 우리가 효과적으로 상대의 감정을 처리하지 못한다는 데 있다.

"화내지 마.", "좋게 얘기해.", "너 지금 너무 감정적이야."라는 등의 말로는 그 어떤 문제도 잠재울 수 없다.

반대로 상대의 허락을 받고 그의 말을 열심히 기록하면서 생각하면 당신이 해준 몇 마디의 반응이 그에게는 값진 위로가 될 수 있다. 가령 "그때 그 사람이 너에게 욕을 했어?"라고 반문한다든가 "그때 그 사람이 재떨이를 집어 들었어?"라며 세부 상황을 물어보는 것이다.

그런 세부사항을 말하기 시작하면 상대는 당신의 질문을 기억해 내는 과정에서 당신을 '감정의 휴지통'으로 취급하지 않는다. 오히려 당신을 자기와 같은 전선에 선 전우로 여기고 자신의 문제를 함께 해결해주려 노력한다는 느낌을 받는다. 이러한 분위기가 형성됐다면 거의 다 됐다. 더는 해결하지 못할 문제란 없다.

이제 마지막으로 당신이 그동안 공들여서 해온 작업을 마무리해야 한다. 그러나 위험요소가 없어졌다고 해서 곧바로 안심하긴 이르다. 감정이 불안정한 상대가 당신이 사용한 효과적인 방법으로 마음을 가라앉히긴 했지만 여전히 상황이 뒤집어질 가능성은 충분히 존재한다.

만일 상대가 자기의 모든 불만을 다 호소한 후에 "방금 내가 큰소리쳐서 기분 상했지?"라고 물어봤을 때 당신이 "어. 깜짝 놀라 죽을 뻔했어. 듣고 보니 그렇게 화낼 일도 아니네. 넌 왜 그렇게 감정을 낭비하니!"라고 말한다면?

그러면 처음에 "너를 이렇게 화나게 한 일이라면 분명 보통 일이 아닐 거야."라고 했던 말을 모조리 부정하는 셈이 된다. 그럼 당신은 다시 거세게 몰아치는 폭풍우 속에서 '가만히 있으면 중간이라도 간다'는 속담을 곱씹어야 할지도 모른다. 이럴 때는 끌리는 말투를 사용해보길 권한다.

"방금 내가 큰소리쳐서 기분 상했지?"

"나도 자주 화내는데 뭐. 너한테만 안 낼 뿐이지."

이렇게 먼저 상대와 같은 선상에 선 다음 그와의 관계를 근거로 다음 말을 만들어보는 것이다.

매우 특별한 사람이 되는
경청의 기술

똑똑한 사람들은 말을 잘할 뿐 아니라 잘 듣는다. 또 그들은 다른 사람의 말 속에 숨은 마음의 소리까지 들을 줄 안다. 이는 그들의 큰 능력이자 든든한 버팀목이 되어 어떤 인간관계든 두려움 없이 열린 마음을 갖게 한다.

대부분 사람은 자기에게 익숙한 환경을 좋아한다. 원래 생활하던 편안하고 익숙한 삶의 테두리에서 벗어나는 걸 원하지 않는다. 하지만 전혀 익숙하지 않은 환경에서 낯선 사람과 대화하거나 잘 모르는 업계의 사람과 대화할 기회가 생기면 발견되는 한 가지가 있다. 바로 그 과정에서 경험하는 수많은 생각과 가치관의 차이와 그로 인한 충격이 오히려 당신에게 즐거움을 안겨준다는 점이다.

빌 클린턴 전 미국 대통령은 유명한 연설가였던 동시에 경청의 고수였다. 한번은 그가 연설하는 자리에서 한 여인이 질문을 던졌다. 모든 사람이 질문을 던지는 그녀를 달가워하지 않았고 심지어 비웃는 사람들도 있었다. 그 사람은 영어를 제대로 구사할 줄 몰랐고 말도 심하게 더듬었다. 그 자리에 있는 모든 사람이 그녀가 하는 말의 뜻을 제대로 알아듣지 못했다. 하지만 클린턴은 그 여자를 향해 몸을 기울인 채 그녀가 하는 말에 진심으로 귀 기울이면서 무슨 뜻인지 분석하려고 노력했다.

결국 행사 사회자가 중간에 그녀의 질문을 중단시킬 수밖에 없었다. 그러고는 클린턴에게 다른 청중들의 질문에 답변할 것을 요청했다. 하지만 클린턴은 여러 질문에 관한 대답을 마친 후 자기가 먼저 나서서 방금 그녀가 했던 질문에 대답했다. 아주 짧은 시간이었지만 자기가 이해한 바를 바탕으로 머릿속에서 그녀의 말을 재구성한 다음 정리해낸 것이다. 클린턴이 생각하기에 여자가 던진 질문은 매우 훌륭하면서도 중요한 내용이었다.

인간관계의 대가로 불리는 미국의 데일 카네기 역시 비슷한 경험을 한 적이 있었다. 한번은 그가 뉴욕 출판업계에서 주최하는 행사에 참여할 일이 있었다. 행사에서 그는 유명한 자연 과학자를 알게 되었다. 그 과학자와 이야기를 한 번도 나눠본 적 없었던 그였지만 그날 두 사람은 매우 오랫동안 대화를 나누었다. 행사가 끝나고 그 과학자는 확신에 찬 얼굴로 주최 측에 이렇게 말을 전해왔다.

"카네기 선생님은 정말 훌륭한 연설가임에 틀림없습니다. 그는 제가 만난 사람 중에 가장 매력적인 연설가입니다."

카네기는 과학자와의 대화 중에 자기가 지금까지 알지 못했던, 믿기지 않는 자연과학에 관한 정보들을 들을 수 있었다. 그리고 한 가지 더 깨닫게 된 사실은 사람들은 누군가와 교제할 때 자기 자신에게 더 주목한다는 점이다. 그는 이것이 사람의 본성이라고 보았다. 그의 분석에 따르면 사람들은 자기 얘기를 풀어놓는 걸 좋아한다. 그래서 상대의 감정은 생각하지 않은 채 끊임없이 자신 얘기만 늘어놓는 경우가 많다. 만일 사람들에게 환영받는 사람이 되고 싶다면 듣는 법을 배워서 상대가 자기 얘기를 더 많이 하도록 독려해주면 된다. 그러면 그는 당신을 매우 특별한 사람이라고 생각할 것이다.

경청의 기술을 터득하고 싶다면 다음의 세 가지를 기억해두자.

1. 사전 준비

상대의 말을 잘 들으려면 경청하는 태도가 필요하다. 생각해보라. 매우 중요한 이야기를 들을 때 사람들은 보통 어떤 행동을 취하는가?

먼저 휴대폰을 잠시 넣어두고 시선을 집중시킨다. 물리적인 거리뿐 아니라 심리적으로도 상대와 거리를 좁히는 노력이 필요하다. 상대가 말을 시작하면 그 사람의 얼굴을 바라보고 필요한 경우 필기를 해도 좋다.

상대의 말을 잘 이해하지 못하는 상황일지라도 최대한 인내심을 발휘하고 빠르게 머리를 회전시켜 그 말을 이해하려고 노력한다. 마음이 콩밭에 가지 않도록 자신을 잘 다스려야 한다. 심지어 상대가 하는 말이 정말 귀에 잘 들어오지 않는다고 해도 계속 집중력을 발휘한다. 명심하라. 좋은 경청의 태도는 당신에게 가치 있는 정보를 제공한다.

2. 세부사항과 접속사까지 귀담아 듣기

사람들이 놓치기 쉬운 부분까지 들을 수 있다는 자신감이 있으면 정말 그렇게 할 수 있다. 유명한 사람과 10년째 알고 지낸다는 어떤 사람과 대화를 나누게 되었다. 그는 처음에 그 사람과 어떻게 알게 되었는지, 어떻게 위챗(중국 인터넷 기업 텐센트가 운영 중인 모바일 인스턴트 메신저 서비스. 한국의 카카오톡과 비슷함-역주)에서 대화를 나눴고 교류를 시작하게 되었는지 등을 말해주었다.

그가 하는 말이 생동감 넘치고 재미있긴 했지만, 세부적인 부분에서 이상한 게 있었다. 10년 전에는 위챗이 등장하기 전이었다. 게다가 그가 언급했던 메신저의 기능들은 당시의 짧은 문자메시지로는 전송이 불가능했다. 그래서 나는 그의 기억이 왜곡되었거나 일부러 상황을 지어내고 있다고 판단했다.

접속사를 통해서도 상대의 의도를 알아낼 수 있다. 접속사는 여러 사용법이 있는데 대부분의 사람은 대화를 나누거나 사람들과 상호작용하는 과정에서 자연스럽게 앞뒤 논리에 따라 그것을 사용한다. 그런데 만일 어색하게 사용할 경우 귀를 쫑긋 세우고 잘 들어서 상대의 원래 의도를 파악해볼 수 있다.

미군 정보전문가 짐 파일Jim Pyle이 밝혔던 사건의 내용이다. 안소니 미첼이라는 한 남자가 자신의 여자 친구가 사망한 것을 발견한 뒤 911에 전화를 걸었다. 전화를 받은 911대원은 그에게 "여자 친구가 골목길을 걸어갈 때 당신은 어디에 있었나요?"라고 자세히 물었다. 그러자 그가 이렇게 대답했다.

"우리는 원래 근처 마트가 문을 열었는지 나가서 보려고 했어요. 그런데, 여자친구가 근처에 있는 친구네 집에 가고 싶다고 하는 겁니다. 그리고 도착하면 저에게 전화를 하거나 문자메시지를 보내겠다고 했습니다."

'그런데'를 말할 때 그의 말투는 이상하리만큼 어색했다. 그래서 911대원은 '그런데'라는 말이 제공한 논리관계를 근거로 조사에 착수했다. 결국 한 공원 옆에서 16살 된 자기 여자 친구를 살해했다는 그의 자백을 받아낼 수 있었다.

일상도 이와 같다. 우리가 평소 사용하는 언어에는 많은 것이 포함되어 있다. 사람들은 종종 칭찬처럼 들리는 말로 다른 사람에 대한 자기의 생각이나 진심을 표현한다.

만일 상사가 "자네는 정말 열심이군. 그런데 다른 동료들과 진도를 좀 맞춰주었으면 좋겠네."라고 말했다고 하자. 그럼 당신은 앞으로 더 열심히 일하는 것에 초점을 맞춰야 할 게 아니라 속도를 내서 팀원들에게 폐를 끼치지 않도록 하는 것을 우선시해야 한다.

3. 경청하면 상대의 마음을 읽을 수 있다

1957년 4월 13일, 미국 영화사 MGM이 「12명의 성난 사람들 (12 Angry Men, 1957)」이라는 영화를 발표했다. 영화는 한 빈민굴에서 자란 소년이 친아버지를 살해했다는 혐의로 재판장에서 판결을 받게 되는 이야기다. 사건의 판결을 맡은 12명의 배심원은 최후의 결정을 남겨놓고 휴게실에 모여 토론을 진행한다. 토론의 결과가 만장일치여야만 사건을 정식으로 매듭지을 수 있다.

그중 기억에 오래 남는 장면이 하나 있다. 영화 속에는 다리를 저는 절름발이 노인이 증인으로 나온다. 그 노인은 소년이 '당신을 죽여버릴 거야!'라고 한 뒤 1초 뒤 물체가 떨어지는 소리를 들었다고 증언한다. 그리고 침실에서 복도를 지나 대문까지 15초 만에 나가보았더니 소년이 황급히 도망을 치고 있었다고 했다.

그런데 8번 배심원의 시뮬레이션 결과 절름발이 노인이 걷는 속도로는 침실에서 대문까지 가는 데 약 41초가 걸리는 것으로 나왔다. 그런데 노인은 15초라고 거짓말을 했다.

9번 배심원은 12명의 배심원 중 나이가 가장 많았다. 그들 중 노인을 가장 잘 이해하는 사람이었다. 그의 견해로는 절름발이 노인의 행색이 남루한 것으로 미루어볼 때 그는 평생 이렇다 할 성과를 거둔 것이 없었고 그래서 아무도 그의 인생에 관심을 기울이지 않았다. 하지만 이 사건에서 그는 핵심 증인으로 등장했다. 살면서 처음으로 자기의 말을 경청하는 사람들이 나타난 것이었다. 그가 거짓 증언을 한 이유도 그 때문이었다.

9번 배심원은 마음으로 듣고 상대의 의도를 파악해냈다. 다른 사람의 말을 들을 때 세부적인 것에 주목하면 그 사람의 진짜 의도와 목적을 알아낼 수 있다.

감정을 주도하는
사람이 돼라

　사람과 사람 사이의 관계에는 '감정의 줄다리기'가 많이 등장한다. 무슨 언어를 사용하느냐에 따라 이 '감정의 줄다리기' 성격이 달라질 수 있다. 이 감정을 어떤 방향으로 이끄는지가 곧 어떤 인생을 살아가느냐를 결정하기도 한다.

　이 게임을 주도하는 사람이 되고 싶다면 먼저 게임의 규칙을 잘 파악하고 상대가 어떤 반응을 보일지 미리 생각해야 한다. 그러면 말하는 게 좀 더 쉽고 자연스러워져서 적절한 때에 해야 할 말을 할 수 있다. 반대로 대화에 끌려 다니면서 상대를 맞춰주지 못한다면 늘 이 게임에서 패배할 수밖에 없으며 항상 틀린 말을 하게 된다. 다음의 예문을 통해 구체적으로 살펴보자.

😵 **나쁜 말투**

"나 부모님하고 싸웠어."

"아무리 그래도 어른들하고 싸우면 안 되지!"

😐 **평범한 말투**

"나 부모님하고 싸웠어."

"왜?"

😊 **끌리는 말투**

"나 부모님하고 싸웠어."

"뭔가 엄청난 의견 차이가 있었나 보구나. 그래서 그렇게 기분이 안 좋았던 거야?"

나쁜 말투에서는 일종의 우월감을 가지고 상대를 판단하는 느낌이 강하게 느껴진다. 이는 상대를 이해하지 못하는 처사일 뿐 아니라, 폭력적인 방식으로 상대의 신뢰를 등지는 것과 같다.

평범한 말투는 부정적인 정보를 듣고 나서 상대를 조롱하거나 고소해하지 않았다는 느낌을 준다. 아주 짧은 한마디의 반응이지만 상대에 대한 관심이 느껴진다.

끌리는 말투는 상대를 이해하겠다는 반응과 함께 질문을 던짐으로써 '왜?'라는 한마디보다 훨씬 더 그의 마음을 잘 헤아리고 있다는 메시지를 던진다. 또한 상대가 기분 나쁜 이유를 합리적으로 보충해주면서 담담하게 대화를 주도하고 있다.

가끔 누군가에게 다소 '무례한' 질문을 해야 할 때도 이 방식을 사용하는 것이 좋다. 즉 상대를 이해하고 있다는 뜻을 내비치면서 질문을 이어가는 것이다.

가령 과거에 안 좋은 소문이나 사건에 얽매였던 사람에게 당시의 일을 물어야 하는 상황이 생겼다고 가정해보자. 만일 그 당시 사건에 관련된 대표적인 어휘를 직접 거론한다면 상대는 큰 분노를 느낄 것이며 곧장 "그 얘긴 하고 싶지 않아요."라는 대답이 돌아올 것이다.

하지만 그 당시 그가 처했던 상황을 잘 연결시켜 상대를 이해하는 시각으로 질문을 던진다면 어떨까?

"모든 사람은 살면서 큰 아픔을 겪죠. 혹시 살면서 지독하게 외로웠던 적은 없으셨나요? 그때 어떻게 극복해내셨는지 궁금해요."

긍정적인 시각은 필수

어떤 사람과는 정말 편안하고 친근하게 대화를 나눌 수 있는가 하면, 대화를 나눌 때마다 늘 불편하고 기분이 가라앉으며 에너지를 소비해야 하는 사람이 있기도 하다. 그럼 이런 경우 대화를 어떤 방식으로 끌고 가야 할까?

다음의 예문을 통해 차이점이 무엇인지 느껴보자. 먼저 타인을 칭찬하는 방식이다.

"헤어스타일 정말 멋지다!"

"네 직장 정말 좋다!"

이 두 가지 칭찬은 서로 다른 느낌을 준다. 먼저 첫 번째 칭찬은 상대에게 가벼운 행복감을 느끼게 해준다. 그런데 두 번째 칭찬은 현실적 요소가 가미되어 무게가 느껴진다. 이렇듯 무거운 대화의 요소는 설령 칭찬이라고 해도 순간적으로 상대의 기분을 무겁게 할 수 있다.

다음은 하나의 일에 관해 보이는 각기 다른 반응들이다.

😣 나쁜 말투

"주말에 이번에 새로 개봉한 영화를 보고 왔어."

"그 영화 진짜 최악이잖아."

아무리 그 영화가 최악이었다고 해도 이런 식으로 최악의 대답을 할 필요는 없다. 이는 그 영화를 전면적으로 부정하는 꼴이며 상대가 사용한 시간과 비용을 부정하는 셈이기 때문에 기분을 나쁘게 만들 수 있다.

🙂 평범한 말투

"주말에 이번에 새로 개봉한 영화를 보고 왔어."

"아, 나도 그 영화 알아. 촬영 화면도 그렇고 장면들도 다 멋지더라."

딱히 할 말이 없는 대화 주제이지만 그래도 상대에게 긍정의 메시지를 던졌다. 이렇듯 어떤 사물이나 사건에 관해 긍정적인 시각을 제시해 대화를 이어가는 것이 좋다.

☺ 끌리는 말투

"주말에 이번에 새로 개봉한 영화를 보고 왔어."

"카! 그래야 주말이지. 나처럼 집에서 종일 집안일 하는 것보다 훨씬 멋지다."

이 대답의 장점은 영화에 대한 평가를 피하면서 주말에 관한 생각을 나눌 수 있다는 것이다. 또 엉망인 영화를 보고 온 상대에게 일종의 위로로 보상해주는 말이 될 수 있다.

'당신'이 아닌
'우리'를 더 많이 쓴다

우리 주변에는 사람들과 대화 나누길 꺼리는 사람이 많다. 사람들과 이야기를 나누면 사이가 가까워지고 사이가 가까워지면 관계 사이에서 마찰이 일어나는 걸 피할 수 없는데 이를 싫어하기 때문이다.

이런 사람들과 이야기를 나눌 때는 당신이 재미있는 화젯거리를 얼마나 준비했는지 따위는 별로 중요하지 않다. 중요한 것은 그들과 진정한 대화를 나눌 기회를 만들어내는 것이다. 다시 말하지만 '진정한' 대화의 기회를 만드는 것이 중요하다. 왜냐하면 일상에는 실제로 대화라고 할 수 없는 대화들이 존재하기 때문이다. 예를 들면 이런 것이다.

"저희에게 후원을 해주실 수 있을까요?"
"얼마를 생각하시는데요?"

"천만 원을 생각하고 있습니다."

"그럼 우리에게 돌아오는 혜택은 뭔가요?"

"귀사의 영향력을 넓힐 수 있습니다."

"구체적으로 어떻게 해주실 건데요?"

"첫째로….'

이런 대화는 협력의 관계를 오히려 대립 관계로 만드는 꼴이다. 그런데 만일 정말 말을 잘하는 사람이라면 친구와 대화를 나누는 것 같은 느낌으로 이끌어 위의 상황을 다르게 바꿀 수 있다.

"제게 좋은 협력 아이템이 있어요. 우리 양측 모두에게 유리한 사업이죠."

"말씀해보세요."

"귀사의 영향력을 확실히 넓혀주는 거예요. 귀사는 우리에게 후원을 해주고요."

"구체적으로 얼마를 해야 하는데요?"

"대외적으로는 천만 원을 얘기하고 있어요. 그런데 팔백만 원만 협찬을 해주셔도 이 사업은 진행 가능합니다. 우리끼리만 살짝 얘기하는 거예요. 물론 미리 약속드리는데 설령 팔백만 원만 후원을 해주신다고 해도 당연히 천만 원어치의 서비스를 제공해 드릴 겁니다. 서비스는 깎아드리지 않을 거거든요."

"하하. 어떤 계획을 세우고 계신지 들어볼 수 있을까요?"

"세 단계로 나눠서 진행할 겁니다. 첫째로…."

이것이야말로 진정한 대화라고 할 수 있다. 여기에서는 편안하고 즐거운 분위기를 만들어 상대방이 마음으로 느낄 수 있게 해주었을 뿐 아니라 이야기를 나누는 과정에서 자기를 적절하게 드러냈다. 여기서 주의할 점은 대화 시 가급적 '당신'이 아닌 '우리'라는 단어를 많이 사용해야 한다.

편안한 분위기를 만드는 세 가지 전략

위와 같은 분위기를 만들고 싶다면 대화를 나누기 전에 먼저 상대에게 마치 친구 사이처럼 편안한 느낌이 들도록 해야 한다. 이를 위해 아래의 세 가지 전략을 살펴보자.

1. 상대의 불안감을 없애라

한 남자가 다리에 부상을 입었다. 그런데 직장에 있는 한 싱글 여성 동료에게 부탁할 일이 생겼다. 업무 파일을 집까지 가져다 달라는 부탁이었다. 어떻게 말해야 상대가 안심하고 그 물건을 집까지 가져다줄 수 있을까? 고민 끝에 그는 이렇게 말했다.

"그 파일을 집으로 가져다줄래요? 그러고 나서 제가 택시를 타야 하는데 휠체어를 좀 밀어줄 수 있을까요? 저녁에 친구 집에 가기로

173

했거든요."

이로써 그는 동료에게 자기의 저녁 스케줄을 공개했다. 그러면 여성 동료도 자기가 남자 동료 집에 가서 혹시나 무슨 일이 생길까 봐 걱정하지 않아도 된다. 어쨌든 자신이 도와줄 일이 두 개인 셈이니까. 그녀는 파일은 퀵서비스로 보낼 수도 있지만 택시를 타도록 집에서부터 휠체어를 끌고 나오는 일은 동료 간의 의리로 해줄 수 있다고 생각할 것이다.

2. 타이밍을 잘 맞춰라

나는 한 기업가와 오랫동안 알고 지냈다. 그는 나를 '나이를 초월해 사귄 친구'라고 말한다.

그를 알게 된 첫해, 매번 그가 나에게 전화를 걸어오면 나는 내 능력이 되는 범위에서 도움을 주었다. 예를 들면 그의 아들이 직장을 찾는 데 멘토링을 해준다든가 이사를 하는데 가서 일을 도와준다든가 가족끼리 오랫동안 해외여행을 가는 데 필요한 정보를 준다든가 하는 등이었다. 그런 식으로 나는 그의 삶 곳곳에 등장했다.

이듬해부터 그는 정말로 사심 없이 내 일을 도와주고 지원해주었다. 나는 그에게 진심으로 고마운 마음이 들었다. 그런데 그는 자기 부인이 했던 말 때문에 그러는 거라고 했다. 그의 부인은 이렇게 말했다고 한다.

"정말 매일같이 많은 사람이 당신을 찾아와서 이런저런 얘기를 하죠. 그런데 제가 오랫동안 옆에서 지켜보니 장 선생님 말고는 당신과 진짜 대화를 나누는 사람을 보지 못했어요. 다른 사람들은 모두 당신의 마음을 떠보거나 틀에 박힌 말만 하더군요."

이것이 바로 내가 추구하는 교제의 원칙이다. 상대와 교감이 불가능한 시기에 틀에 박힌 말만 하거나 조언을 구하면 답을 얻을 수 없을 뿐 아니라, 상대의 방어기제에 불을 지피는 꼴이 된다. 그리고 일단 신뢰를 잃으면 두 번의 기회는 없다고 봐야 한다.

3. 때에 따라 달라지는 감정 변화를 잘 이용하라

많은 사람이 처음 만난 자리에서 자신의 선의나 마음을 다 표현하려고 애쓴다. 사실 그럴 필요가 없는데 말이다. 관계 속에서 나타나는 감정의 변화를 잘 사용하고 남들과는 다른 매력을 보여줘야지 당신이 호감을 느끼는 그 사람도 당신에게 관심을 보일 것이다.

예전에 한 작가와 일한 적이 있었다. 그가 쓴 글을 많이 읽어보았는데 거기에는 그만의 통찰력과 해박한 지식이 그대로 드러났다. 하지만 우리는 만나면 업무적인 얘기만 나눴다. 글에 관해 따로 얘기한 적이 없었다.

그러다가 나중에 우연한 기회에 경제 상황에 관해 둘이 얘기할 일이 생겼다. 나는 그가 쓴 글 중에 있던 한 문장을 인용해 나의 생각을 나눴다. 감동한 그는 내게 "진정한 친구를 만났으니 내 인생이 족하다!(중국 문학가 루쉰魯迅이 친구 취추바이瞿秋白에게 했던 말-옮긴이)"고 말했다.

그 일이 있고 난 후 나는 한 가지 사실을 발견했다. 사람이 처음 만나 사귀기 시작할 때는 서로를 얼마나 칭찬하고 띄워주든 그것을 모두 예의상 하는 말이라고 생각한다. 하지만 시간이 지나 어느 정도 서로를 이해하고 나면 당신이 무의식적으로 하는 상대에 대한 칭찬마저도 진심으로 받아들인다.

끝으로 누군가와 대화를 나눌 때는 시기가 아무리 적절하다고 해도 반드시 예의를 갖춰야 한다. 가령 자기도 모르게 상대 혹은 제삼자를 공격하게 되면 당신의 속사정을 모르는 상대는 그것이 악의적인 행동이라 생각해 만나기를 꺼리게 된다.

대화를 나눌 때는 먼저 상대의 생각과 관점을 많이 들어야 하고 당신의 관심사를 상대의 시각으로 바라볼 수 있어야 한다. 상대의 가치관을 이해하고 싶을 때 마침 그의 책꽂이에 꽂힌 진룽金庸의 소설을 보았다면 그가 소설 속의 어떤 인물을 좋아하는지, 이유가 무엇인지 물어볼 수 있다.

이러한 정보들을 바탕으로 간단하게나마 상대의 생각을 이해할 수 있다. 물론 상대가 하는 대답에 양면성이 있을 수 있다는 사실에 주의가 필요하다. 그가 말한 인물이 자기와 비슷해서일 수도 있고 완전히 반대여서 좋아할 수도 있기 때문이다. 그럼 이것은 향후 그와의 교제를 통해 관찰하고 경험하면서 알아내야 한다.

표현력은
가장 강력한 무기다

큰소리친다고 하면 대부분 사람은 본능적으로 거부감을 느낀다. 그러고는 속으로 나는 '큰소리치는 사람이 되지 말아야지'라고 생각한다. 그런데 만약 큰소리치는 사람이 정말 큰일을 해내면 사람들은 그것을 일종의 패기와 기백이라고 생각한다. 그러므로 문제는 큰소리치는 그 자체가 아니라, 그 사람이 자기가 말한 것을 이루기 위해 노력하느냐 아니냐다.

한 다큐멘터리 프로그램에서 마윈(중국 최대 전자상거래 업체 알리바바의 창시자-옮긴이)의 창업 시절 이야기를 내보낸 적이 있다. 사람들은 그 프로그램을 보면서 감탄을 금치 못했다. 당시 사람들은 이해하지 못했던, 그가 호언장담했던 일들이 지금은 전부 실현되었기 때문이었다. 그는 세 번의 중요한 시기에 '큰소리'를 쳤다.

첫 번째는 1996년이었다. 그는 컴퓨터를 들고 방송국에서 일하는 한 친구를 찾아갔다. 당시 그는 친구에게 확신에 찬 말투로 '인 터넷', '중국의 미래', '중국의 엘리트'라는 알 수 없는 어휘를 언급했 다. 친구는 도저히 그의 말을 알아듣지 못했지만 어쨌든 그의 열정 에 마음이 열렸다. 그래서 「생활공간」이라는 프로그램을 통해 창업 초기 마윈이 맞닥뜨린 어려움을 실제적으로 촬영한 「청년, 마윈」이 라는 다큐멘터리를 내보냈다.

두 번째는 판촉 현장에서였다. 그는 실제 판매 현장에 나가서 '중 국에서 가장 큰 데이터베이스를 구축할 계획', '중국의 문화와 엔터 테인먼트를 전 세계에 알릴 것'이라고 호언장담했다. 청중들은 무 슨 말인지 알아듣지 못했지만 그중에서도 그의 말을 끊임없이 경청 하는 사람들이 있었다.

세 번째는 개인적으로 그가 한창 좌절을 겪고 있을 때 했던 말이라 고 생각한다. 그를 잘 아는 한 친구는 그날의 일을 이렇게 회상했다.

하루는 마윈이 판촉 현장에서 좌절을 경험했다. 저녁에 집으로 돌아가는 버스 안에서 그는 베이징 밤거리를 밝게 비추는 네온사인 들을 멍하니 바라보았다. 그러다가 베이징을 향해 큰소리쳤다.

"몇 년 후면 나를 이렇게 천대할 수 없을 거다! 몇 년 뒤에 내가 뭘 하는지 모두가 알게 될 거야! 그때는 베이징에서 이렇게 힘들게 지내지 않을 거라고!" 이렇게 세 번, 그는 자기가 한 말로 자기를 다 스렸고 다른 사람이 자기를 신뢰하도록 만들었다.

사실 오늘날의 상황도 똑같다. 이렇게 자신에 차서 호언장담하는 사람이 아니면 다른 사람들의 투자를 받아내기란 불가능하다.

두 명의 젊은이가 투자자를 찾고 있었다. 한 명은 매우 당차고 자신감이 충만했다. 그는 투자자들을 만나면 이렇게 말했다.

"저에게 1년만 투자하세요. 제가 귀사에 가장 돈이 될 수 있는 사업으로 보답해 드릴게요." 그런데 나머지 한 명은 늘 신중하고 조심스러웠다. 그는 투자자에게 "저한테 먼저 투자해주시면 제가 해볼게요."라고 말했다.

사람들은 '말보다는 행동'이 우선이라고 생각한다. 하지만 나는 중요한 때에는 먼저 말하고, 그다음 행동으로 옮겨야 한다는 생각이다. 실제로 사람들은 큰소리치는 사람을 신뢰하고 지지하며 투자하고 도와주고 싶어 한다. 그리고 결국 그런 사람들이 정말 큰일을 해내지 않는가!

이는 우리가 살고 있는 시대와도 관련 있다. 생활의 리듬과 패턴이 빠른 요즘 같은 시대에는 한 사람을 오랫동안 주의 깊게 관찰하거나 이해하기란 사실상 힘든 일이다. 그래서 표현력이 곧 가장 강력한 무기가 된다. 적절한 때에 '이 일은 장담하고 해낼 수 있습니다!'라고 말하는 것이 다른 사람의 복잡한 마음과 생각을 면밀히 분석하는 것보다 훨씬 효과적일 수 있다.

그렇다면 당차게 포부를 밝힐 때 좀 더 효과적일 수 있는 팁을 소개하고자 한다.

1. 시간적으로 급박함을 표현하라

대학 시절 한 교수님의 강의를 들었다. 그 강의 내용이 너무 심오해서 나는 절반밖에 알아듣지 못했다. 그런데 교수님이 강의 끝에 "학생 여러분, 행동하세요! 그래야 조국의 문화가 발전합니다! 지금이 바로 여러분이 움직일 때입니다!"라고 힘주어 말했다. '지금이 그때'라는 말은 '시간은 나를 기다려주지 않는다'는 느낌을 준다.

2. 기업이나 개인의 비전을 밝힐 때는 크게 말한다

창업을 할 때든 개인적인 비전을 말할 때든 큰 목표를 세우는 것이 좋다. 그래야만 계속해서 목표를 향해 달려가도록 자신을 다그칠 수 있고 당신을 믿어주는 다른 사람들에게 끊임없는 응원을 받을 수 있다.

예를 들어보자. 당신의 회사에서 신제품을 개발했다. 그리고 이 제품을 사용하는 목표 고객 수를 5만 명 정도 잡았다. 그런데 만일 일이 순조롭게 진행되면 이 숫자는 생각보다 쉽게 달성할 수 있다. 그러니 이 목표 수치를 50만 명으로 끌어올리고 반복적으로 말하는 것이 좋다. 그래야 당신과 팀원들이 이 목표를 향해 전진하고 분발할 수 있기 때문이다.

3부

똑똑하게 할 말 다하면서
원하는 바를 얻는 비밀

공감과 반대 의견을 절묘하게 활용하라

'대립'하지 않고
'협력'하는 법

언뜻 보기에는 완전히 대립되는 것처럼 보이는 관계라도 협력하는 관계가 될 가능성이 있다. 예를 들면 고객과 판매업체 사이의 관계다. 알다시피 고객은 가장 적은 돈으로 최고의 제품을 사고 싶어 하고 판매자는 고객이 최대한 돈을 많이 쓰길 원한다. 여기에 존재하는 대립은 조절이 불가능해 보이는 것 같지만 사실은 그렇지 않다. 만일 둘 사이에 연관성이 생기면 기회도 덩달아 생긴다.

판매자는 고객의 수요를 추측해야 하고 고객의 수요는 판매자를 통해 만족된다. 그러니 둘이 서로를 대립 관계가 아닌 파트너로 인식한다면 그 사이에 존재하는 마찰을 없애고 서로가 윈윈할 수 있다.

일상 속에 존재하는 수많은 대립과 마찰도 충분히 협력의 관계로 전환될 수 있다. 가령 지금 두 아이에게 케이크를 나눠주려고 하는

데 아이들이 서로 원하는 게 달라서 자꾸만 다툼이 일어난다고 하자. 이럴 때는 한 아이에게 먼저 케이크를 자르게 하고 나머지 한 아이가 선택하도록 하면 된다. 간단한 방법으로 마찰을 협력으로 바꿀 수 있는 것이다.

또 다른 예를 들어보자. 다른 사람과 협력에 관해 이야기를 나눌 때 간혹 사적인 장소에서, 특히 문서를 꺼내 보여줘야 하는 경우라면 나는 상대와 마주 보고 앉지 않고 나란히 앉는다. 그러면 그와 똑같은 문서를 보면서 대화를 나눌 수 있기 때문이다. 그러면 어떤 일을 설명할 때 공감대를 형성하기 쉽다.

젊은이들이 창업을 할 때 흔히 가족들과 마찰이 생긴다. 처음에는 단지 서로 생각이 좀 다를 뿐이지만 그게 계속 이어지면 오해가 생기고 관점이 달라져 결국 조절하기 힘든 단계에 이른다. 정말로 안타까운 일이다. 창업을 하는 과정에서는 무수한 사람과 이해관계 면에서 얽힐 수밖에 없다. 그런데 자기와 가장 가까운 부모와의 마찰도 해결할 수 없다면 나중에 의견이 다른, 완전히 남인 사람들을 만났을 때는 더 말할 것도 없다.

한 청년이 창업 문제로 아버지와 심한 갈등을 겪었다. 그를 가장 화나게 한 것은 아버지가 재정적으로 그 어떤 도움도 주지 못한다고 분명하게 말한 점이다. 심지어 아버지는 '네가 창업하는 건 돈 낭비', '세상 물정 모르는 놈', '제대로 안 하면 금방 망할 것'이라는 막말을 쏟아냈다. 이런 말들은 아들의 창업을 정말 탐탁해하지 않는다는 뜻이었다. 화가 난 청년은 내게 이렇게 불만을 쏟아냈다.

"아버지는 정말 제게 돈을 주기 싫은가 봐요. 일단 돈하고 관련된 일이라면 아무런 지원도 해주지 않아요. 제가 외국에 나간다고 하면 알겠다고 하시거든요? 그런데 돈이 조금 필요하다고 하면 외국은 안전하지 않다느니, 집이 금방 거덜 난다느니 하는 말을 해요. 제가 창업을 하겠다고 했을 때도 처음에는 정말 좋아하셨어요. 하지만 제가 저축해놓은 돈으로는 창업자금이 모자랄 것 같다고 하자 태도가 돌변해서는 창업은 리스크가 너무 크고…."

사실 이 사건에도 전환점은 존재한다. 우선 청년의 아버지를 돈을 매우 중시하는 사람이라 생각하고 이야기를 이어가 보자. 이런 사람들의 특징은 남에게 자기 속내를 드러내길 싫어한다. 청년의 아버지가 매번 그를 지원해주지 않았던 이유는 아들이 항상 아버지에게 돈을 요구했기 때문이다. 아버지는 자신이 돈 때문에 아들을 지원해주지 않는다는 걸 들키고 싶지 않았다. 매번 저주에 가까운 말들을 퍼부었지만 그토록 듣기 힘든 막말을 한 건 오히려 자기의 마음을 더 드러내는 꼴이었다.

만일 청년이 여기서 '아버지는 돈 때문에 그러는 것'이라고 말한다면 결과는 최악으로 치닫고 둘의 관계는 되돌릴 수 없는 것이 된다. 하지만 청년이 방법을 바꿔서 이렇게 말한다면 어떨까?

"창업에 실패해 앞으로 생활이 어려워질까 봐 걱정하시는 아버지의 마음 잘 알아요. 그럼 이번에는 아버지께 손을 안 벌릴게요. 그

돈은 남겨두셨다가 나중에 정말 필요할 때 도와주세요. 이번에는 친구에게 빌릴게요. 기껏 해봐야 이자만 조금 높을 텐데 그건 갚으면 되죠."

과연 청년이 이런 태도로 이야기를 꺼내자 막말을 쏟아붓던 아버지의 태도가 완전히 바뀌었다. 그는 돈을 빌려주지 않는 자신의 행위에 '타당한 이유'를 붙여준 아들의 말을 듣고는 돌연 "너의 결정을 존중한다."라고 했고 자신의 다양한 사회경험을 들려주었다.

부모나 상사, 배우자나 동료, 친구 등을 포함해 앞으로 살면서 우리가 어떤 사람을 만나게 될지는 알 수 없다. 오직 우리가 결정할 수 있는 건 어떤 말을 하느냐, 그리고 어떤 사람으로 살아가느냐다.

무례한 사람에게 웃으며 대처하는 비결

지성과 미모를 겸비한 한 여성 MC가 있었다. 사회적으로 경력도 많고 나이도 제법 많은 어느 유명한 사람이 한 질문을 던졌다.

"누군가 공개적인 장소에서 당신에게 '결혼을 잘못 한 것 같다'고 말했는데, 혹시 그 말에 대해 어떻게 생각하십니까?"

이 질문에 현명한 그녀는 다음과 같이 대답했다.

"어른들의 말은 잘 새겨듣는 편이에요. 아마도 그분 눈에는 제가 딸처럼 보였던 것 같아요. 그러니 제가 누구한테 시집을 갔다고 해도 애석해하는 마음은 똑같았을 거예요."

이 대답을 들은 그 유명인사는 그녀의 명철하고도 다정한 대답에 감탄을 금치 못했다.

사례 속의 그녀는 자기의 인생을 평가하는 사람은 물론 그것을 구경하는 사람들의 마음을 모두 정복해야 했다. 이처럼 누군가 당신에게 무례한 말이나 행동을 했을 때 교양과 매너를 유지하면 그 사람에게 아픔을 남기지 않으면서 이를 지켜보는 주변 사람들에게도 당신이 어떤 사람인지를 보여줄 수 있다. 또 이를 통해 자기 자신을 존중하고 자존감을 높일 수 있다.

아무리 험악한 언어적 공격이라도 좋은 방향으로 이끄는 시도는 얼마든지 할 수 있다. 고의든, 실수든 당신에게 적대적인 감정을 드러내는 사람에게 온화하고 겸허한 태도로 반응하는 것은 일종의 지혜이지 위축되고 겁내는 것이 아님을 알아야 한다. 누군가 폭력적인 방식으로 당신을 대할 때 똑같은 방법으로 반응하면 당신 역시 지혜가 부족한 사람이 되어버리며, 이는 당신의 이미지와 심리상태에 모두 부정적인 영향을 준다.

반대로 이 과정에서 최대한 상대의 체면을 살려주도록 노력해보자. 예의 바르게 상대를 대하면 시끄러운 여론을 잠재우고 상대를 변화시킬 수 있다. 때로 체면은 사람에게 심장과도 같이 매우 소중하기 때문이다.

정말로 필요한 상황이 아니라면 대화를 나누는 과정에서 '핵무기급'의 공격으로 상대를 받아칠 필요가 없다. 혹자는 누군가 나를 질타하면 나도 똑같이 그 사람을 질타해야 한다고 말한다. 그래야만 그 싸움을 끝낼 수 있다고 말이다. 물론 이것이 효과적인 방법 중 하나긴 하다. 하지만 이렇게 했을 때의 단점은 원래 잘 해결할 수 있었던 문제를 더 크게 만들 수 있다는 것이다. 당신이 상대에게 퇴로를 마련해주지 않으면 당신 역시 물러날 길이 없다는 사실을 명심해야 한다.

어떤 기자가 유명한 환경운동가를 인터뷰하면서 "사람들은 당신이 쇼를 하고 있다고….'라고 말했다. 그러자 그는 "뭐라고요? 당신이 뭔데 그렇게 말해요? 지금 일부러 나를 자극하려고 그러는 거예요?"라고 반격했다. 이런 경우 두 사람 사이에는 말다툼이나 싸움밖에 일어나지 않는다.

기자의 질문에는 허구의 제삼자가 등장한다. 다시 말해 기자 자신의 생각이 아니라는 말이다. 그러니 이 경우 두 사람 사이에 일어나는 직접적인 마찰과 충돌은 피할 수 있지만 현명하지 못한 대응으로 상대의 선의를 완전히 짓밟은 셈이 됐다. 사실 이럴 때는 이런 식으로 대답할 수 있다.

"쇼가 아니에요. 하지만 쇼라고 해도 모든 게 환경보호의 중요성을 알리기 위함이죠. 그렇지 않다면 제가 뭐 하러 그렇게 하겠어요? 환경보호를 위해서라면 사람들의 질타도 두렵지 않아요. 시간이 지나면 조금씩 이해하게 될 거예요." 이렇게 말한다면 허구의 제삼자가 악의적으로 하는 비난을 '사람들이 잠시 이해하지 못하는 것일 뿐'이라고 해석해주는 것과 같다.

또 다른 예를 들어보자. 누군가 당신에게 "예전에 네가 얘기했던 거 틀렸어. 그건 네가 잘못 안 거야."라고 말했을 때 "왜 굳이 예전 일을 들먹여? 지금 나하고 싸우자는 거야?"라고 반응한다면 대화는 이어질 수 없다. 그런데 만일 이렇게 대답한다면 어떨까?

"당연히 내가 말한 것 중에 잘못된 게 있을 수 있어. 친구들끼리 대화를 나누는 건 서로 모르는 걸 물어보고 각자 어떻게 생각하는지 들어보려고 하는 거잖아. 그런데 만약 자신이 잘 아는 것만 얘기하면 그건 그냥 자기과시 아닐까? 하하."

현명한 대화의 기술은 적군을 아군으로 바꿀 수 있다. 또한 이를 통해 당신에게 의심과 적대감을 품었던 사람도 얼마든지 같은 편으로 만들 수 있다.

힘을 뺀 대화가
사람의 마음을 움직인다

끌리게 말하는 사람은 다른 사람을 설득할 때 상대의 감정을 최우선으로 둔다. 그다음에 자신이 사전에 준비한 여러 방법과 논리, 이익을 설명한다. 그런데 평소에는 정말 똑똑하고 현명해 보이는 사람도 다른 사람을 잘 설득하지 못할 때가 있다. 자신이 추구하는 이익을 너무 좇은 나머지 다른 생각을 잘하지 못하기 때문이다.

미국 소설가 마크 트웨인Mark Twain이 쓴 『톰 소여의 모험』에는 재미있는 장면이 등장한다.

어느 날, 개구쟁이 소년 톰이 한 남자아이와 싸우는 걸 본 폴리 이모가 그에게 벌로 울타리에 페인트칠하는 일을 시킨다. 페인트칠을 다 마칠 때까지 놀지 못하게 된 톰은 괴롭다. 톰은 친구들의 마음을 자극하기로 생각한다.

톰은 붓을 집어 들고 페인트칠을 시작했다. 그때 벤이 나타났다.

톰은 마을의 모든 남자아이들 중에서도 벤이 자신을 비웃는 게 제일 싫었다. 과연 벤이 톰을 놀리기 시작했다.

"어이! 친구! 지금 벌 받는 거지? 재미있니?" 하지만 톰은 일부러 냉정하게 대답했다.

"응, 재미있어. 남자라고 해서 늘 할 수 있는 일이 아니거든. 내가 장담하는데 천 명 중에서도 이 일을 잘할 수 있는 남자아이는 없을 거야. 어쩌면 이천 명 중에도 없을지 모르지."

톰은 페인트칠에 흠뻑 빠져 있는 것처럼 연기했다. 일부러 붓을 크게 이리저리 휘저으며 울타리를 칠했고 칠한 다음에는 두 걸음 물러나 잘 칠해졌는지 확인했다. 그러고는 잘 안 된 부분이 있으면 다시 그곳에 붓질을 하고 눈을 크게 떴다가 살눈을 떴다가 하면서 재차 확인하는 연기를 했다. 그 모습을 본 벤은 점점 페인트칠에 재미를 느끼기 시작했다. 그러더니 톰에게 말했다.

"톰! 나도 해볼래." 톰은 양보하는 척하다가 태도를 바꾸었다.

"안 돼. 폴리 이모가 이 울타리를 정말 아끼시거든…." 그러자 벤은 톰이 던진 미끼를 확실히 물었다. 심지어 자기가 가진 사과를 건네며 울타리를 칠할 수 있게 해달라고 부탁했다. 톰은 매우 만족했다. 하지만 여전히 머뭇거리다가 억지로 붓을 건네주는 척 연기했다. 결국 톰을 비웃던 벤은 땡볕 아래서 온몸이 땀범벅이 되도록 울타리를 칠했다.

나중에 밖으로 놀러 나온 다른 친구들이 이 장면을 보고 톰과 벤을 비웃었다. 하지만 결국에는 벤처럼 자기가 가진 장난감을 내어주면서까지 울타리를 칠할 기회를 달라고 부탁했다.

그렇게 톰은 정말 수월하게 페인트 작업을 마칠 수 있었다. 그를 비웃었던 친구들 덕분에 울타리를 세 번이나 칠할 수 있었다. 페인트만 더 남아 있었다면 온 마을의 아이들을 불러 모아 울타리를 칠하게 해주고 장난감을 받을 수 있었을 것이다.

소설 속 이 장면은 많은 것을 느끼게 한다. 천연덕스럽게 말하면서 사람을 설득시키는 방법은 이처럼 일에 대해 너무 무겁게 생각하지 않는 것이다. 오히려 지혜를 발휘해 그저 평온하게 말하는 것이 좋다.

일을 '다르게' 생각하는
승자들의 언어습관

조금만 주의 깊게 주변을 살펴보면 능력 있는 사람일수록 열린 마음으로 편안하게 말한다는 사실을 발견할 수 있을 것이다. 그들은 한 가지 일이라도 여러 각도로 생각할 능력을 갖추고 있어서 감정 기복이 그리 심하지 않다.

보통 직위나 직급이 높은 사람일수록 사회 경험도 풍부하다. 그들은 어떠한 문제나 어려움을 만나더라도 항상 해결할 방법이 있다는 걸 알기 때문에 긴장하지 않고 예민하게 일의 시비를 따지지 않는다. 그들의 언어습관도 이러한 처세술과 같아서 사람들에게 부드럽다는 느낌을 준다.

영업사원 A는 고객 B와의 관계가 아주 좋은 편이다. 그는 편안한 환경에서 대화를 나누는 것과 사무실 안에서 얘기하는 것이 완전히 다른 느낌을 준다는 사실을 알고 있다. 그래서 평소 B와 업무에 관해 이야기를 나눠야 할 때면 편안한 곳으로 그를 초대해 함께 차를 마시거나 식사를 하면서 대화를 나눈다. 계산을 해야 할 때는 늘 A가 먼저 눈치 있게 계산서를 가져간다.

B는 정말 큰 고객이었다. 한번은 B의 회사가 A네 회사 제품을 대량으로 구매했다. A의 회사는 이 일로 크게 기뻐했다. A가 직접 얘기하기 어려운 가격과 관련된 세부적인 사항은 그의 상사 C부장이 직접 협상에 나섰다. 셋이 모여 이야기를 나눌 때의 분위기는 매우 좋았다. 비록 C부장이 말이 많은 사람은 아니었지만 그가 하는 한마디 한마디는 B를 기쁘게 했다. C 부장이 B에게 물었다.

"창업을 하던 당시는 지금보다 환경이 열악하지 않았나요? 그런데 어떻게 유통업체들을 확보하셨어요?" 이 화제가 나오자 B의 눈이 빛나기 시작했다. 그는 다소 흥분에 차서 자신이 창업했던 과정에 관해 신나게 이야기했다. 그는 말을 마무리 지으면서 자기 자랑을 했다.

"창업한 지 얼마 되지 않았을 때 제 밑에서 일하던 사람들을 모두 제 형제자매처럼 생각했어요. 그래서 좋은 것이 있으면 모두에게 공평하게 나눠주었죠. 지금도 우리 회사 사람들은 저를 형님이라고 불러요. 제가 한 번도 자기들에게 손해 보게 한 적 없다는 걸 너무 잘 알기 때문이죠. 어딜 가든 그날 밥값이나 술값은 모두 제가 계산해요. 이건 A도 알 거예요."

사실 그 말을 듣고 A는 순간 멍해졌다. 하지만 겉으로는 그의 말에 동조한다는 듯 어쩔 수 없이 고개를 끄덕였다. 그렇지만 A는 마음이 좋지 않았다. 결국 A는 나중에 C부장에게 불만을 털어놓았다.

"B가 항상 자기가 먼저 계산했다고 하지만 실제로는 제가 거의 계산했어요. 그런데 부장님 앞에서는 마치 제가 한 번도 산 적 없는 것처럼 말하더라고요. 자기가 저를 챙겨준 것처럼 말했어요. 그건 완전히 사실을 왜곡하는 거 아닌가요?" A는 자기가 이렇게 말하면 C부장이 'B가 솔직하지 못하네.'라고 하거나 '자네 지금 혹시 거짓말하는 건 아니지?'라고 물어볼 거라고 생각했다. 그런데 정말 생각지도 못하게 C부장은 전혀 이 문제에 얽매여 있지 않고 일의 옳고 그름을 따지지도 않았다. 그저 담담히 이렇게 말했을 뿐이었다.

"상관없네. 그냥 그렇게 말하도록 내버려두게. 오히려 자네가 푼돈도 안 쓰고 항상 식사를 대접하지도 않고 이렇게 큰 주문을 받아냈으니 능력이 뛰어나다는 말이 되지 않는가?"

"그렇지만 만약에 그 사람이 이 업계 사람들에게 항상 저를 만나면 자기가 계산을 했다고 말하면 어떡합니까? 그랬을 때 혹시 우리 회사에 불이익이 없을까요?" A의 질문에 C부장이 웃으며 대답했다.

"당연히 불이익은 없네. 오히려 우리 회사 영업사원이 당당하고 배짱이 좋다고 말할 걸세. 회사 제품의 품질이 좋다고 생각하는 사람만이 그렇게 고객에게 비굴하지 않고 오히려 고객이 우리를 찾아오도록 만든다고 평가할 거야."

본래 억울한 마음과 비관적인 생각으로 가득 찼던 그는 상사의 말에 마음이 눈 녹듯 녹아내렸다. 그리고 어느새 당당하고 자부심을 느끼는 승자로 변해 있었다.

이것이 A와 C부장의 차이점이다. A는 일의 시비를 따지는 일에 목을 맸지만 C부장은 그것에 얽매이지 않고 가장 중요한 장단점을 분석했다. 평소 우리가 사용하는 언어도 이처럼 재미있고 흥미롭다. 똑같은 일이라도 조금만 생각을 바꿔 바라보거나 묘사하면 그 뜻이 완전히 다르게 다가온다.

일보다 사람을
먼저 생각하는 마음

우리는 대화를 나누는 과정에서 다른 사람을 알아가고 또 자기를 인식한다. 내게는 부끄러움을 느끼게 했던 한 경험이 있다. 그 일로 얻은 교훈은 내 삶에 커다란 깨달음을 주었다. 그래서 나는 이 이야기를 대화에 관한 사례로 자주 사용하며 여러 장소에서 사람들과 나눈다.

대학 시절, 나는 줄곧 연설이나 언변에 관한 지식을 공부했다. 그래서 재학 시절 학교 내 행사를 조직하거나 선생님, 친구들과 대화를 나눌 때도 늘 순조로웠다. 졸업 후에도 힘들지 않게 직장을 찾을 수 있었다. 나는 그것이 대학 시절 소통의 기술에 관해 열심히 공부한 결과라고 생각했다. 후에 비서 일을 하게 되었을 때도 상사의 마음을 비교적 잘 헤아릴 수 있었고 사람들과 소통도 잘 되었다. 점점 비서로서의 나의 비중은 커졌고 수입이나 대우 모두 내 기대를 뛰어넘었다.

그렇게 승승장구 하다 보니 나는 언어의 힘에 더욱 매료되었다. 그런데 그보다 더 중심에 있는, 본질적인 사람의 감정은 간과했다. 한번은 상사가 내게 실무 부서를 도와서 한 해외파 출신 파트너로부터 프로젝트를 따오라는 업무 지시를 내렸다. 나는 당연히 아무 문제가 없을 거라고 생각했다.

처음에 파트너와 업무협의를 할 때는 정말 순조로웠다. 그런데 2주가 지나도 파트너는 지나치게 예의 바르고 깍듯한 말투로 나를 대했다. 그와 함께 식당에 가서 뭘 먹을 거냐고 물어보면 나는 항상 '아무거나'라고 대답했다. 그때는 온통 머릿속으로 어떤 화제를 꺼내야 그에게 빨리 계약서 사인을 받아낼 수 있을지만 고민하던 시기였기 때문이다. 한번은 그가 내게 전화를 걸어서 언제쯤 자기의 회사에 들를 수 있는지를 물었다. 나는 '이제 곧 계약을 하겠구나.' 생각했다. 일이 거의 성사되었다고 생각하면서 나는 지금부터는 절대 실수해서는 안 되겠다고 다짐했다. 그러고는 그에게 '언제든' 괜찮다고 말했다.

하지만 그렇게 계약이 성사되면서 나와 파트너와의 관계도 끝이 났다. 그는 전보다 더욱 예의 바르게 나를 대했다. 우리 둘 사이에 있던 업무 관계를 개인적인 관계로 바꿀 기회가 사라진 것이었다. 나는 그렇게 능력 있고 배울 점 많던 친구 하나를 잃은 셈이었다.

처음에 이 일을 떠올렸을 때 나는 내가 크게 잘못한 것이 없다고 생각했다. 하지만 경력이 늘고 많은 사람을 만나면서 나도 다른 사람들에게 그런 '대우'를 받고 나서야 그때 나의 감정이 얼마나 부자연스러웠는지, 그리고 그것이 상대방을 얼마나 불편하게 했었는지를 깨달았다.

나는 줄곧 파트너가 계약사항에 동의해 사인을 받아내는 데만 급급했던 것이다. 이것은 다른 말로 하면 내가 철저히 업무적인 마인드로 그에게 다가갔다는 뜻이다. 당시의 나는 모든 일을 잘 해내는 것처럼 보였지만 실제로 내 눈에는 오로지 일만 보였을 뿐, 사람은 없었다.

만약 그와 식사하는 걸 진정으로 즐겼다면 음식을 주문할 때 결코 '아무거나'라고 말하지 않았을 것이다. 만일 상대를 고객이 아닌 진정한 친구로 생각했다면 그가 약속시간을 정하자고 했을 때도 '언제든'이라고 대답하지 않았을 것이다. 한 번이라도 잠시 멈춰서 내 일정이 어떤지 챙겨보았을 거다.

이 경험을 통해 나는 무슨 대화를 하든지 말에 진심을 담으면 사람을 얻을 수 있다는 것을 깨달았다. 물론 일도 중요하지만, 사람을 먼저 생각하는 대화를 한다면 상대에게 그 마음이 전해져 더 좋은 결과를 가져올 수 있을 것이다.

수치나 데이터보다 강한 스토리의 힘

설득과 협상은 우리의 일상과 밀접한 관련이 있다. 크게는 계약이나 업무 협력에서부터 작게는 가정 안에서 일어나는 소소한 일까지 모두 연관이 있다. 이를 조금 더 기술적으로 처리하고 싶다면 대화의 기회를 잘 활용해 상대의 결정을 바꿀 수 있다.

수치나 데이터로 사람을 설득하려고 하면 상대는 당신의 말을 듣긴 하겠지만 당신을 재미없는 사람이라고 생각할 수 있다. 그런데 어떠한 스토리를 통해 그 사람을 설득한다면 마음을 바꾼 상대방이 결정을 내린 뒤 당신의 따뜻함에 감사하게 될 것이다.

채소 재배를 전문적으로 하는 한 대표가 있었다. 그가 재배하는 상품은 전통적인 재배법을 사용하고 있어서 가격이 비싼 편이었다. 그는 마케팅에 신경을 썼는데 먼저 고객을 확보한 다음 그 고객이 자녀들을 데려와 농작물이나 과수를 따는 행사에 참여하도록 했다.

그런 다음 그들에게 고급 토사를 사용해 재배한 감자나 기타 농산품 등을 판매했다. 잘 관리된 농장의 모습을 직접 와서 본 사람들은 모두 만족하고 다음 해 재배될 채소들을 고액을 주고 예약하기도 했다.

한번은 농장을 찾은 많은 가족 중 한 엄마와 아들이 있었다. 그녀는 농작물의 가격을 듣더니 그 자리에서 바로 이의를 제기하며 농장이 고객을 우롱해 돈만 챙기려 한다고 비난했다. 현장에 있던 농장 직원은 얼굴까지 붉히며 그녀와 말싸움을 시작했다. 직원이 여러 보고서를 보여주었지만 그녀는 애당초 그걸 보려는 마음이 없었다. 오히려 '그래서 이 수치로 뭘 말하려는 거냐'고, '나는 봐도 모르겠다'고 어깃장을 놓았다. 그러자 화가 난 직원이 씩씩대며 그녀에게 물었다.

"오늘만 해도 이미 서른두 명의 고객님이 예약을 했어요. 그럼 그 사람들은 뭐예요? 판단력도 없는 바보인 줄 알아요?" 직원의 말은 그녀를 더욱 화나게 만들었다.

"다른 사람이 사 가는지 아닌지 알게 뭐예요? 난 관심 없어요. 단지 나는 당신들이 거짓말을 하고 가격을 부풀려서 비싼 가격에 팔고 있다고 말하는 거예요. 집 앞 마트에서 파는 신선한 채소들도 여기의 절반 가격밖에 안 해요. 당신들이 지금 하고 있는 수확 행사는 우리 고객들 지갑을 열어서 상품을 사게 하려는 수작이잖아요!"

많은 사람이 둘을 둘러싸고 싸움을 지켜보고 있었다. 그때 대표가 앞으로 나가 침착하게 설명했다.

"안녕하십니까? 제가 이 농장의 책임자입니다. 돈이 얼마나 소중한지는 저도 잘 알고 있습니다. 저는 어릴 때 아버지를 여의고 한부모 가정에서 자랐습니다. 그래도 어머니는 세상 누구보다 강하셨고 좋은 것이라면 항상 저에게 먼저 주셨습니다. 이 세상의 어머니들이 모두 그럴 거라고 생각합니다. 자녀를 위한 일이라면 무엇이든 먼저 발 벗고 나섰죠. 제가 이 농장을 연 이유는 많은 가정이 농장에 와서 직접 농작물을 따고 우리가 재배한 신선한 채소를 맛보길 원했기 때문입니다. 그러다가 원하는 분들이 계시면 자원해서 살 수 있도록 했고요. 절대 구매를 강요한 적은 없습니다."

대표가 말을 마치자 조금 전 열변을 토하던 직원도 마음을 진정시키고 몇 마디를 보충했다.

"많은 어머니들이 편식하는 자녀들이 저희 농장에서 재배한 식감 좋은 채소들 덕분에 편식을 고칠 수 있었다고 하십니다. 그래서 대표님도 많이 기뻐하고 계십니다."

말다툼을 하던 그녀는 표정이 누그러지고 냉정함을 찾는가 싶더니 이내 감동에 찬 얼굴이었다. 그 모습을 본 대표가 말을 이었다.

"가격에 불만이 있으신 건 저도 충분히 이해합니다. 저희도 지금은 자본이 많이 들어가고 있기 때문이죠. 하지만 시간이 지나 농장 규모가 조금 더 커지면 할인 행사를 많이 진행해서 더 많은 고객님들이 혜택을 누릴 수 있게 할 계획입니다." 대표의 말이 끝나자 그녀는 매우 미안한 얼굴로 이렇게 사과했다.

"정말 죄송합니다. 지난번 다른 농장에서 했던 행사에 참여한 적이 있었는데 거기에도 아들을 데리고 갔었거든요. 그런데 농장에서 재밌게 놀고 구경한 뒤에 아무것도 안 사겠다고 하니까 못 나가게 하더라고요. 그때의 안 좋은 기억 때문에 오늘 판매 행사를 하는 걸 보고 화가 났네요. 그런데 사장님께서 그렇게 말씀하시니 정말 마음이 놓이는군요. 오늘 실제로 봤던 상품들은 정말 품질이 좋더라고요. 저도 하나 구매할게요."

옆에서 이 모습을 구경하던 사람들도 하나씩 상품을 구매하기 시작했다. 한바탕 소동이 끝난 후 정산을 하고 보니 매출이 그달의 최고를 기록했다. 농작물 수확 체험 행사에 참여했던 사람들 거의 모두가 채소를 구매한 셈이었다.

이것이 바로 스토리의 힘이다. 대표는 스토리를 구사하는 데 능한 사람이었다. 모든 사람은 자기만의 스토리가 있다. 그런데 사람들에게 공감을 살 만한 스토리를 찾은 후 대담하게 그것을 얘기하려면 기술과 용기가 필요하다. 스토리를 말할 때는 화려하게 말하려고 무엇을 더하거나 부풀려서는 안 된다. 원래 있었던 일 그대로, 진솔하게 중점만 얘기하면 그만이다. 만일 자기 자신의 스토리라면 여기에 감정적인 색채를 조금 더 가미해도 괜찮다. 다른 사람의 스토리라면 담담하게 전하면서 듣는 사람이 거기에 반응하도록 두면 된다.

하마터면 전학시킬 뻔한 일

친구 모임에 다녀온 왕 씨의 부인은 마음이 복잡했다. 친구들이 저마다 자기 아이가 다니는 학교가 얼마나 좋은지 자랑을 늘어놓았기 때문이다. 한동안 고민에 빠졌던 그녀는 지금 살고 있는 집을 팔고 주소를 바꿔 아이를 전학시키기로 마음먹었다. 그 말을 들은 왕 씨는 너무 황당했다. 부인을 설득시켜야겠다고 생각하고 말을 꺼내려는데 그녀가 정말 억울한 얼굴로 하소연했다.

"부모님께 전화 드려서 이 일을 의논했더니 나더러 쓸데없는 일을 한다고 하시잖아요. 이게 쓸데없는 일이에요? 아니, 다 자식 잘 되라고 하는 일인데…. 누가 뭐라고 하든 상관없어요. 아이 엄마는 나니까. 난 내 자식을 위해 책임을 다할 거예요." 왕 씨는 그녀를 설득하겠다는 생각을 바꿔 이렇게 말했다.

"그래. 맞아. 당신이 편안하고 안락한 생활을 포기하면서까지 자식의 미래를 위해 애쓰는 거지. 당신 마음 다 알아." 그녀는 응원의 말을 듣고는 마음이 놓였는지 깊은 한숨을 쉬었다. 그 모습을 본 왕 씨가 이어서 말했다.

"그런데 여보, 우리 애가 지금 학교를 하루 이틀 다닌 것도 아닌데 당장 전학을 시키면 적응하는 데 많이 힘들어하지 않을까? 어렵게 학교 분위기에 적응하고 친구들도 사귀었는데 그걸 모두 바꿔야 하잖아. 예전에 나도 부모님 사업 때문에 전학을 갔었는데 환경이 낯설어지니까 상실감에 빠지고 친구를 잃어버렸다는 생각에 쉽게 학업에 전념할 수가 없더라고. 그때 난 어려서 지금처럼 어른의 눈으로 상황을 이해하고 바라보지 못했지. 그래서 정말 하늘이 무너져 내린 것 같았어. 친구들을 더는 볼 수 없다는 생각 때문에 정말 우울했어. 그건 다른 어떤 것으로도 대체할 수가 없더라고."

왕 씨가 여기까지 말하자 부인의 표정이 다소 심각해졌다. 왕 씨가 들려준 스토리 중에서도 특히 마지막 말, "그건 다른 어떤 것으로도 대체할 수가 없더라고."라는 말이 그녀에게 많은 울림을 준 것 같았다. 아이가 즐거움을 잃어버리는 건 엄마인 그녀도 바라지 않는 일이었다. 더군다나 그것은 그녀가 대신 져줄 수 없는 책임이었다.

그녀는 남편의 이야기를 듣고 골똘히 생각하더니 그와 대화를 나누었다. 형세가 조금씩 바뀌는 것 같은 느낌이 들자 왕 씨는 곧장 중요한 포인트를 잡아 마지막 '굳히기' 작업에 들어갔다.

"요즘 우리 애 성적이 좋잖아. 그건 전부 당신이 평소에 많이 신경 써주고 애쓴 덕분이야. 당신은 그 어떤 사람보다도 열심히 노력하고 있잖아. 그러니 그 노력이 결실을 맺을 수 있도록 조금 더 힘을 내봐. 만일 누가 갑자기 우리 아이를 전학시키라고 했으면 당신은 분명 안 된다고 말했을 거야. 그리고 당신도 전문가 수업을 들어서 알잖아. 아무리 좋은 학교라도 좋은 담임선생님만 못하다고. 지금 당신과 담임선생님과는 관계도 좋지 않아? 선생님이 당신을 신뢰하니까 학부모 대표도 시킨 거고. 그건 그 사람이 당신을 인정한다는 뜻이야. 만일 지금 전학시키면 처음부터 다시 신뢰를 쌓아야 하고…."

왕 씨의 말이 다 끝나기도 전에 부인은 먼저 "절대 전학 안 시킬 거예요. 내가 잠깐 정신이 나갔었나 봐요. 지금 애도 정말 잘하고 있는데. 괜히 쓸데없는 일을 한다고…."라고 말했다. 부인이 그렇게 금방 태도를 바꿀 줄은 왕 씨도 미처 생각하지 못한 일이었다.

왕 씨는 자기의 스토리로 부인을 빠른 시간 안에 사로잡은 것이다. 또한 스토리를 말하는 과정에서 배우자를 향한 인정과 응원의 긍정적인 메시지를 전했다. 마지막에는 권위 있는 대상의 관점을 적절히 인용해 자기의 생각에 설득력을 더해 상대가 올바른 판단을 할 수 있도록 도왔다.

스토리를 인용하여 상대를 감동시켜라

만일 실제로 스토리를 적용하는 과정에서 자신의 스토리가 부족하다면 대화에 유리한 다른 사람의 스토리를 적용하는 것도 나쁘지 않다. 감동적인 스토리로 설득하고자 하는 대상의 마음에 울림을 주는 것이다.

주 씨는 집을 살 계획이었다. 그런데 한 부동산 중개업자와 처음으로 만나 인사를 나누는 자리여서 심리적으로 많이 불안했다. 중개인 한 씨는 그런 상황을 알고 주 씨의 불안한 마음을 잘 이해했다. 그는 주 씨의 불안함이 사라지지 않는 이상 거래가 어려울 거라고 생각했다. 자기가 힘들게 번 큰돈을 믿지 못하는 사람에게 섣불리 넘겨주는 사람은 세상에 없기 때문이다. 아무리 평가가 좋은 중개

업체일지라도 상황은 똑같을 터였다.

한 씨는 주 씨가 마음의 결단을 내릴 기회를 계속해서 탐색했다. 주 씨는 한 씨와의 대화 중에 갑자기 이런 질문을 던졌다.

"그런데 이렇게 큰 업체의 대표님은 어떻게 사업을 이렇게까지 키우신 건가요?" 한 씨는 기회가 왔다는 느낌을 받았다. 그래서 자기가 몸담은 업체 창시자의 스토리를 말하기 시작했다.

"대표님도 일반 가정 출신의 평범한 사람이었다고 해요. 처음에 대도시로 올라와 일자리를 찾기 전에 가장 먼저 해야 했던 일은 역시 집을 구하는 일이었죠. 당시 아무것도 모르던 순진한 그는 자기가 가진 돈을 모조리 집주인에게 주었다고 합니다. 그런데 나중에 알고 보니 사기를 당한 거예요. 순식간에 그 돈이 모두 사라졌으니 얼마나 절망스러웠겠습니까. 그래도 대표님은 살아남아야겠다는 다짐을 하고 자신이 사기를 당한 그 일에서 비즈니스 기회를 찾기 시작했다고 합니다. 그리고 만일 자신이 부동산 거래에 관한 지식을 익히면 다른 사람이 사기를 당하는 일을 막을 수 있겠다고 생각했대요. 게다가 부동산 거래까지 잘하게 된다면 큰돈이 될 거라는 믿음이 생겼다고 합니다. 그래서 이 중개 업체를 시작하게 되었고 신용을 바탕으로 조금씩 규모를 키울 수 있었던…" 과연 이 스토리를 들려주자 주 씨의 태도가 바뀌었다.

"대표님이 사기를 당하고 나서 이 중개 업체를 하게 된 거군요. 그럼 거래가 더욱 투명하게 이뤄지겠어요. 사람들이 손해를 보는 일도 없을 거고요."

"네, 맞습니다. 그리고 저는 개인적으로 대표님이 그 고난 속에서 비즈니스 기회를 찾은 게 대단하다는 생각이 들어요. 그걸 사업으로 만들어 이렇게까지 발전시킨 거잖아요."

"당신은 이 회사에서 계속 일했나요?"

"예전에 여기서 몇 년 동안 일하다가 어느 정도 능력을 갖췄다는 생각이 들어 나가서 회사를 차린 적이 있습니다. 비슷한 중개업이었죠. 그런데 한 사람만의 힘으로는, 그리고 작은 규모의 업체로는 이렇게 큰 업체들과 경쟁하는 게 정말 힘들다는 사실을 나중에야 깨달았습니다. 큰 업체들은 여러 방면에서 고객들에게 효과적이고 신뢰할 만한 서비스를 제공하잖아요. 그래서 사업을 접고 다시 이 업체로 돌아와서 지금까지 열심히 일하고 있습니다."

한 씨의 말을 듣고 주 씨는 이 업체를 전체적으로 이해하게 되었다. 또 중개업자 한 씨의 인생 이야기를 들으면서 조금씩 방어 태세를 풀기 시작했다. 그렇게 편안한 대화 속에서 거래는 원만히 성사되었다.

누구의 이야기를 하는가는 중요하지 않다. 중요한 것은 어떻게 이야기를 해서 상대가 스토리 속 주인공의 감정에 공감하게 하는가이다. 기쁜 일이든 슬픈 일이든 스토리를 통해서 상대를 당신의 '세상' 속으로 끌어들일 수 있을 것이다.

인내심을 잃는 순간
기회도 사라진다

대화는 일정한 형식이나 제약 없이 편안하게 이뤄질 수도 있고 목적을 담고 있을 수도 있다. 대화가 일종의 비즈니스 수단이 된 경우에는 최종적으로 이루고자 하는 목적을 합리적이고 합법적으로 설명할 수 있어야 한다. 이런 경우 대화는 일종의 전략이 될 수 있다.

그런데 업무적인 관계를 개인적인 관계로 바꾸는 데에는 시간이 필요하다. 여기에는 두 가지 방법이 있다. 긴 시간과 정성을 들여야 하는 방법과 짧은 시간 안에 전략적인 말하기를 통해 효과적으로 상대를 설득하는 방법이다.

송 씨는 얼마 전에 여성 피부관리숍을 오픈했다. 하루는 그녀가 점원 김 씨와 함께 쇼핑을 나갔다. 두 사람이 이런저런 옷을 입어보는데 화려하게 꾸민 세련된 한 여성이 다가와 옷을 입어보았다. 그런데 그녀는 여러 벌을 걸쳐보아도 마음에 드는 게 없는 모양이었다. 그때 매장 점원이 그녀에게 물었다.

"뭐가 마음에 안 드시나요?" 여성은 미간을 찌푸린 채로 대답했다.

"오랫동안 외국에 나가 있다가 얼마 전에 귀국했거든요. 와서 보니까 피부색이 너무 검게 그을려 있는 거예요. 그래서인지 어울리는 옷 색깔이 없어요. 뭘 입어도 피부색이 더 어두워 보이는 거 같아요." 점원은 여성에게 다른 색깔의 옷을 추천해주었지만 모두 거절당했다. 그때 송 씨가 그녀에게 다가가 말을 걸었다.

"안녕하세요? 이건 방금 제가 고른 옷이에요. 이 사이즈는 이거 하나밖에 안 남았는데 저는 아직 안 입어봤어요. 혹시 생각 있으면 걸쳐 보실래요? 저보다 훨씬 더 어울리실 것 같아서요." 그녀는 송 씨의 손에 들린 회색빛의 옷을 보더니 만족하는 눈치였다. 게다가 칭찬까지 들어서 마음이 열린 상태였으므로 가벼운 마음으로 옷을 입어보았다. 과연 옷을 입고 나온 그녀는 거울에 비친 자신의 모습을 보고 매우 만족스러운 웃음을 지었다. 그녀는 송 씨가 자기에게 그 옷을 양보했다는 생각에 미안한 마음이 들었다.

"이런 옷을 고르는 게 쉽지 않았어요. 이번에 여행을 갔다가 피부를 너무 검게 그을렸거든요. 아무리 노력해도 원래대로 돌아오지 않네요." 이 말을 들은 점원 김 씨가 때를 놓치지 않고 가방 속에 있던 명함을 꺼내 그녀에게 건네주려고 했다. 하지만 송 씨가 하지 말라는 손짓을 보냈다. 송 씨는 아주 담담하게 그녀와 이야기를 이어갔다.

"원래 피부색은 정말 좋으신 것 같아요. 그러니까 조금만 노력하면 하얀 피부색을 금방 회복하실 거예요. 먼저는 이런 방법으로…." 그녀는 매우 재미있게 이야기를 들었다. 송 씨가 알려주는 방법은 모두 일상에서 구하기 쉬운 과일이나 채소로 관리하는 방법이었다. 송 씨의 말을 다 듣고 난 그녀가 물었다.

"그런 방법으로 관리하면 언제쯤 효과가 나타날까요?" 그러자 송 씨가 매우 자신 있게 대답했다.

"6개월이요. 6개월 후면 놀랄 만한 효과를 보실 거예요." 그 말을 듣자 돌연 그녀의 표정이 굳어졌다.

"저처럼 성격이 급한 사람에게 6개월은 너무 길어요. 빨리 효과를 볼 다른 방법은 없나요?"

그녀가 이렇게 묻자 점원 김 씨가 대화에 끼어들려고 했다. 하지만 그보다 한발 앞서 송 씨가 대답했다.

"저랑 정말 비슷하시네요. 저도 성격이 정말 급하거든요. 피부관리에 대한 여러 셀프케어법을 많이 배워봤는데 실제로 적용하기 어렵더라고요. 지금의 제 피부는 미용제품으로 관리한 거예요. 규칙적으로 일주일에 한 번씩 관리하고 있죠. 그래서 이렇게 하얗고 뽀얀 피부를…." 송 씨의 말을 듣자 그녀는 숨겨진 보물이라도 찾은 사람처럼 신나서 물었다.

"그 숍이 어디예요?" 송 씨는 천연덕스럽게 대답했다.

"제가 얼마 전에 숍을 열었어요. 위치는⋯." 그러자 그녀가 먼저 송 씨에게 명함을 달라고 요청했다. 이튿날, 그녀는 송 씨의 숍에서 VIP 카드를 만들었고 1년짜리 관리 프로그램을 예약했다.

송 씨의 대화에는 세 가지 전략이 숨어 있었다. 첫 번째는 상대의 이익과 연관 있는 화제를 꺼냈다. 대단치 않은 듯 슬쩍 상대에게 이야기를 건넴으로써 호감을 샀다. 상대가 경계심을 갖지 않게 하는 것이 중요하다.

두 번째로 자기의 전문성을 드러내는 과정에서 상대의 자존감을 건드리지 않으면서 체면을 세워주었다. 그녀는 문제부터 다루면서 그 문제를 원만하게 처리했다. 예를 들어 "지금 피부색이 엉망이네요. 어둡고, 침침해요. 당장 관리를 받으셔야겠어요."라고 말해 상대를 지적했다면 아무리 전문적인 이야기라도 듣고 싶은 마음이 사라졌을 것이다.

하지만 반대로 그녀는 상대의 장점을 높여주었다. 원래의 피부가 연예인처럼 하얗고 아름답다는 것을 말로써 암시했던 것이다. 세 번째는 피부 관리에 관한 팁을 무료로 조언해 상대의 신뢰를 샀다.

특히 송 씨가 사용한 모든 언어가 매우 자연스러웠다. 그것이 가능했던 것은 인내심을 발휘했기 때문이다. 그녀는 점원 김 씨와 달랐다. 김 씨는 기회가 왔다고 생각되면 곧장 그것을 잡아 빨리 상대를 설득하려고 했다. 다시 말해 잠재 고객을 사냥감처럼 빨리 잡으려고 한 것인데 이런 경우에는 자신의 목적을 쉽게 들켜버린다. 이것은 정말 많은 사람이 대화 도중 범하는 실수이기도 하다. 상대를 설득하려는 마음을 가진 사람이 인내심을 잃어버리면 속내를 간파 당하고 기회를 잃어버린다. 기꺼이 '먹잇감'이 되려고 나서는 사람 은 없기 때문이다.

반대로 인내심을 발휘하면 할수록 당신을 향한 상대의 관심이 높아진다. 관심이 높아질수록 그 사람은 주동적으로 당신에게 다가온다. 상대는 당신이 이끄는 대로 내린 결정이 자기가 원해서 내렸다고 생각한다. 모든 사람은 자기가 내린 판단과 선택을 매우 소중하게 생각하기 때문이다. 이 단계까지 오면 더는 당신이 고객을 쫓아다니지 않아도 그 사람이 먼저 당신을 찾아온다.

요컨대 전략적인 대화법을 사용할 때는 먼저 대화를 위한 초석을 다지는 데 시간을 충분히 들이라는 것이다. 또 발화 속도 역시 너무 빨라서도 안 된다. 기억하라. 천천히 말하는 게 좋다. 일단 당신이 조급하게 굴면 상대는 곧장 그 일이 당신에게 유리하다는 생각을 한다.

때로 좋은 질문은 천 마디 말보다 낫다

상대방이 무슨 생각을 하는지 궁금할 때, 좋은 질문은 어지러운 상황과 관계 속에서 생각을 정리하도록 도와준다.

내가 대학을 졸업하고 처음 찾은 일자리는 비서직이었다. 나중에는 일을 꽤 잘해서 수행비서의 역할을 하게 되었고 상사를 도와 여러 정보를 검색하고 정리하는 일을 했다. 그때 나는 주변에 동료가 많았다. 하지만 최대한 그들과 거리를 유지했다. 너무 가까워지면 업무에 지장이 생길 거라고 생각했기 때문이다.

어느 날 한 동료가 다가와 내게 농구와 관련된 귀중한 선물을 주고 싶다고 했다. 자신은 모 농구팀의 충실한 서포터즈인데 나도 그렇다는 것을 알고 있다고 했다. 똑같은 게 두 개나 있어서 하나를 선물로 주고 싶다는 것이다. 당시 부담스러운 마음에 거절하는데도 그는 고집스럽게 선물을 계속 주려고 하는 것이었다. 그래서 내가 어떤 질문을 하나 했더니 곧바로 선물을 거두어들였다.

나는 그 농구팀의 모 선수가 시합에서 어떤 퍼포먼스를 보였는지 물어보았다. 그 동료는 아마도 그 선수의 이름조차 모르는 것 같았다. 그는 단지 내게 선물을 주려는 핑계를 찾은 것이었다. 하지만 나는 모든 선물에는 나름의 '가격'이 매겨져 있고 주는 사람의 의도가 숨겨져 있다는 사실을 알고 있었기 때문에 그 선물을 받고 싶지 않았다.

적절한 질문은 삶을 바꾼다

우리 주변에는 대화를 통해 자기가 깨닫지 못했던 바를 발견하는 사람들이 많다.

내게는 한 사업가 친구가 있다. 한번은 그와 함께 식사를 하게 되었다. 밥을 먹으면서 그는 자기의 고충을 털어놓았다. 내용인즉슨 가족들이 자기에게 너무 냉담하다는 거였다. 부인과 아들은 늘 다정하게 서로 이야기를 나누면서 자기를 투명인간 취급한다고 했다. 이는 그의 생각에 너무 불공평한 처사였다. 지금까지 가족들을 위해 희생했고 가족들을 목숨처럼 귀하게 여기며 살았는데 자기에게 그러면 안 되는 거라고 생각했다. 그는 내게 자기가 그렇게 희생했는데 가족들이 왜 알아주지 않는지를 물었다.

나는 세 가지를 물어보았다.

"아이랑 가장 친한 친구 세 명의 이름을 말할 수 있는가?", "아이가 가장 좋아하는 과목이 무엇인지 아는가?", "부인은 주말에 뭘 가장 하고 싶어 하는가?"

그는 열심히 생각했지만 결국 대답을 포기했다. 그는 어물거리며 그런 세세한 것들은 별로 알고 싶지 않다고 말했다.

"그럼 자네가 가족들을 목숨처럼 귀하게 여긴다는 말이 성립되지 않네. 고객들은 뭘 좋아하는지 그렇게 잘 알면서 가족들에 대해서는 그리 몰라서 되겠는가?" 내가 이렇게 반문하자 그는 한숨을 쉬며 조용히 고개를 끄덕였다. 그러고는 자신이 생각했던 것처럼 가정에 많이 헌신하지 못했던 것 같다고 인정했다.

이런 경우에는 처음부터 상대를 설득하기 어렵다. 상대가 자기의 문제를 스스로 인식해야 하기 때문이다. 게다가 그는 사업가였다. 그는 젊은이들과 달라서 다른 사람들이 하는 말을 듣고 배워야겠다는 마음가짐이 부족했다. 그는 자기가 이미 일궈놓은 것으로 자부심을 느끼는 사람이었다. 그래서 부족함을 발견하게 하려면 구체적이고 세부적인 질문이 필요했다. 그래야만 그것을 깨닫고 변화할 수 있다.

대화는
주고받는 게임

당신은 어떤 여인과 사랑에 빠졌다. 그래서 그녀가 뭘 하자고 하든지 계속 좋다고 말한다. 하지만 여자의 뜻에 무조건 따른다고 좋은 결과가 있을까? 상대는 당신이 주관도 없는 사람이라고 생각할지 모른다. 관계는 주고받는 것이지 일방적이지 않다. 그렇다면 어떻게 말하는 게 좋을까? 아래 대화를 살펴보자.

여자 "우리 원래 일요일에 같이 밥 먹기로 했잖아. 근데 요일을 바꿨으면 좋겠어."

남자 "좋아. 문제없어."

여자 "토요일로 바꾸고 싶어."

남자 "좋아."

여자 "지난번에는 사천요리집 말했었는데 홍콩요리집으로 가고 싶어."

남자 "좋아."

여자 "그럼, 금요일에 다시 정하자. 어쩌면 토요일에 많이 바쁠 수도 있거든."

남자 "좋아."

남자가 네 번이나 '좋아'라고 했다. 상대를 매우 배려한 것으로 보일 수 있다. 하지만 오히려 상대에게 반감을 줄 수도 있다.

여자 "우리 원래 일요일에 같이 밥 먹기로 했잖아. 근데 요일을 바꿨으면 좋겠어."

남자 "좋아. 문제없어."

여자 "토요일로 바꾸고 싶어."

남자 "일요일엔 무슨 일 있어?

여자 "응. 여동생이 지방에서 올라온대."

남자 "그래. 좋아."

여자 "근데 요즘 사천요리가 별로 안 먹고 싶은데 우리 홍콩요리 먹으러 가는 건 어때?"

남자 "아, 내가 유명한 홍콩식당을 알아. 그럼 내가 토요일에 먼저 가서 맛을 좀 볼게. 만약에 괜찮으면 일요일에 네 여동생도 함께 데려와. 우리 셋이 같이 먹자."

여자 "그래, 좋아."

위 두 대화의 예시를 비교했을 때 무엇이 다른지 알겠는가? 무조건 상대의 말에 긍정적으로 답하는 것이 아니라 이렇게 말을 주고받는 것이 훨씬 대화를 매끄럽게 해준다.

상대를 높여 내가 원하는 바를 얻는다

우리가 부탁하면 상대방이 즐겁게 수용할 수 있어야 하고 누군가 우리에게 부탁하면 우리도 감정적으로 적절한 보상을 받아야 한다. 크게는 상사의 업무 지시부터 시작해 작게는 동료와의 관계까지, 평등의 전략을 사용해 둘 사이의 관계를 더욱 가깝게 만들 수 있다.

김 과장의 상사는 이 부장이다. 나이가 많은 이 부장은 종종 지시를 잘못 내려 젊은 직원들을 힘들게 한다. 부하직원들 모두가 이런 상황에 답답함을 느끼지만 이렇다 할 대책이 없다. 어쨌든 이 부장은 회사에서 매우 중요한 사람이기 때문이다. 게다가 업무적으로 이 부장의 경력과 경험이 많은 도움이 되기도 한다. 그리고 이 부장은 그렇게 꽉 막힌 사람은 아니다.

김 과장이 보기에 상사가 권리를 행사할 수 있는 경우는 두 가지인 것 같았다. 하나는 직원들에게 도움이 될 때, 다른 하나는 직원들에게 '안 돼'라고 말할 때다. 이는 이 부장이 누릴 수 있는 권리이기도 했다. 물론 상사를 설득하는 게 쉬운 일은 아니다. 하지만 김 과장은 이 부장이 '조언하기 좋아하는 사람'이라는 특징을 잘 살려서 대화를 나누었고 그렇게 해서 평소 잘 허락해주지 않는 휴가를 받아낸 적이 있었다.

"부장님, 한 가지 궁금한 게 있습니다. 어떻게 그렇게 고객들을 잘 다루세요? 지난번에도 모든 사람이 공급업체의 마음을 돌릴 방법이 거의 없다고 생각했는데 부장님이 끝까지 협상하신 끝에 계약이 성사됐잖아요." 김 과장의 말에 기분이 좋아진 이 부장은 곧장 방법을 알려주었다.

"와, 저는 그런 생각은 해본 적이 없어요. 어떻게 생각해내셨어요?" 김 과장의 질문에 이 부장이 웃으며 대답했다.

"자네와 내가 사회 경험이 다르기 때문이지."

"맞습니다. 부장님의 경험은 누구도 따라올 수 없죠. 그래서 부장님을 보면서 많이 배우고 일을 할 때 부장님이 하셨던 것을 참고하고 있어요."

"젊은 친구들은 아직 많이 배워야 해."

"지난번에 친구가 다음 주에 1박2일로 교육 간다고 하더라고요. 원래는 귀찮게 생각하고 회사에 휴가 신청을 안 하려고 했는데 부장님과 얘기하고 보니 제 부족함이 너무 많이 느껴지네요. 더 많이 배울 필요가 있다는 생각이 들어요."

"그러게. 휴가를 내줄테니 가서 배우고 오게. 사회 경험은 하루 이틀 만에 쌓이는 게 아니지. 하지만 교육을 받고 공부를 하면 속도를 올릴 수 있을 거야."

그렇게 김 과장은 상대를 존중하고 가르침을 청하는 방식으로 조언하기 좋아하는 그의 심리적 욕구를 충족시켰다. 사실 대부분은 조언하길 좋아한다. 특히 이 부장같이 업무를 지휘하는 자리에 있는 사람은 더욱 그렇다. 김 과장은 상대의 권리를 존중하는 방식으로 그와의 대화에서 매우 높은 권리를 부여했고 자기 역시 휴가라는 권리를 얻어냈다. 중요한 건 그가 이 부장을 다른 사람들처럼 앞뒤가 꽉 막힌 사람이 아니라 회사 발전을 위해 힘쓰는 사람으로 봤다는 사실이었다.

똑똑하게
거절하는 기술

　자기만의 가치관과 원칙이 분명한 사람은 다른 사람의 존중을 받는다. 그러나 원칙대로 살기는 힘들다. 때로는 자기 원칙에 어긋나는 요청이나 부탁을 받는 경우도 종종 있다. 이때 어떻게 거절해야 할까?

　일을 시작한 지 얼마 되지 않은 젊은 인턴이 있다. 그는 자기가 다른 동료와 상사와의 관계가 매우 좋다고 생각했다. 하지만 실습 기간이 끝나고 결국 합격 통보를 받지 못해 회사를 떠나야 했다.

　동료들은 무슨 일이든 그를 찾아가 부탁했다. 그러면 그는 항상 알겠다고 말했다. 상사가 내리는 지시에도 늘 문제없다고 대답했다. 하지만 시간이 지나면서 사람들은 그가 업무시간에 온통 다른 사람의 일을 도와주느라 정작 자신의 업무는 처리하지 못하는 모습을 보았다. 또 상사가 업무 지시를 내릴 때 늘 알았다고 자신 있게 대답했지만 실제로는 제대로 해내지 못해 결국 좋지 않은 이미지만 남겼다. 안타깝게도 그는 자기가 합격하지 못한 이유를 알지 못했다. 부탁을 들어주는 게 잘못된 건 아니다. 하지만 과도한 친절을 베푸는 건 잘못이다.

이웃하고 있는 두 집이 있었다. 두 집은 평소 관계가 매우 좋았다. 그중 한 집은 다른 한 집에 비해 풍요로웠다. 어느 해, 가난한 집의 수확이 시원치 않자 부유한 집에서 쌀을 빌려주어 끼니를 해결할 수 있었다. 가난한 집은 감사한 마음이 들었고 그들이 생명의 은인이라 생각했다.

힘든 시기가 지나고 도움을 받은 가난한 집의 남자 주인이 부유한 이웃집에 감사의 마음을 전하러 찾아갔다. 부잣집 주인 역시 고마운 마음에 "감사는요. 여기 아직도 쌀이 이렇게 많은데요. 조금 더 가져가도 좋습니다."라고 말했다.

가난한 집 이웃은 쌀을 가지고 집으로 돌아왔다. 하지만 마음이 썩 좋지 못했다. 그 집은 그렇게 식량이 많은데 자기는 어째서 이렇게 가난한지 하늘이 원망스러웠다. 게다가 그렇게 많이 가지고 있으면서 자기에게 준 건 얼마 되지 않는다는 생각에 부잣집이 얄밉기까지 했다. 원래 관계가 좋았던 두 집은 원수지간으로 변했다.

이게 바로 과도한 친절의 병폐다. 똑같은 원리로 과도한 선의와 섣불리 호의를 베푸는 것은 모두 자기 신뢰도를 깎아내리는 일이 될 수도 있다.

상사가 무리한 요구를 하는 경우

어떤 일을 부탁받을 때도 마찬가지다. 부탁하는 상대가 누군지, 장소는 어떠한지, 자신이 그 부탁을 들어줄 능력이 되는지 종합적으로 분석해야지 거절하지 못해 덜컥 받아들였다가는 양쪽 모두에게 해가 될 수 있다.

일을 할 때 상사가 자기에게 너무 과중한 업무를 시킨다고 불만을 터뜨리는 사람이 많다. 그러나 대부분 과중한 업무 이면에는 풍성한 보상이 있다. 불만을 말하려면 그 업무 자체가 잘못되었다고 하는 편이 맞다. 그렇다면 왜 처음부터 상사에게 그 일을 하지 못하겠다고 말하지 못하는가? 그렇게 말한다고 해서 상사가 당신을 '나쁜 사람'으로 보는 게 절대 아니다. 거절이 상대를 부정하는 것은 아니기 때문이다.

누군가는 잘 몰라서 하는 얘기라고 할 수도 있다. 상사가 원체 자기 말만 하는 사람이라 설득할 방법이 없고 다른 사람의 이야기는 처음부터 들을 생각조차 하지 않는다고 말이다. 그러느니 차라리 시킨 일을 하는 게 맞다고 생각한다.

당연히 그렇지 않다! 만일 그 일이 당신이 보기에 가치 없는 일이라고 판단되면 사전에 거절하는 것과 거절하지 않고 넘어가는 것은 완전히 다른 결과를 초래한다. 만일 마지막에 그 일이 성사되지 않으면 전자는 일등공신으로 인정받고 상사는 그 사람을 판단력이 좋은 사람으로 기억하고 일종의 보상을 해주고 싶은 마음이 들 것이다.

그런데 후자는 상사가 그 일 자체에 문제가 있다고 생각하지 않고 그것을 진행한 당신이 잘하지 못해서라고 생각할 것이다. 특히 감정이 섞여 있다면 누구라도 당신이 그 일을 달가워하지 않는다는 걸 알기 때문에 만일 원만하게 처리되지 않으면 사람들은 당신의 업무 태도에 문제가 있다고 생각한다.

상사에게 '노(No)'라고 말하는 것과 동료의 부탁을 거절하는 것은 차이가 있다.

동료의 부탁을 거절할 때는 당신의 능력에 한계가 있다고 말하거나 난처한 표정을 지을 필요가 있다. 예를 들어 시선을 상대의 두 눈에서 떨어진 다른 곳을 응시함으로써 망설이는 당신의 마음을 표현한다. 나아가 거절하기도, 승낙하기도 어려운 표정을 지어서 상대방이 당신의 난처함을 알아채도록 만들면 의도를 파악하고 물러날 것이다.

하지만 상사의 부탁을 거절할 때는 정반대로 행동한다. 억울한 듯한 표정이나 행동을 보였다가는 신뢰를 잃을 수 있다. 이때는 상사에게 다시 한 번 생각해 볼 것을 당당하고 자신 있게 요청해야 한다.

내가 일을 시작하고 3년째 되던 해, 부서가 재편되면서 상사가 내게 막중한 임무를 맡겼다. 신생 부서를 책임지고 관리하는 일이었다. 하지만 나는 내 업무 경력이나 능력을 비추어볼 때 그 일을 감당할 수 없다고 판단했다. 그렇지만 나는 자신감 있게 당시 상사에게 '예스'라고 밝혔다.

"알겠습니다. 하지만 제가 신생부서의 업무를 잘 모르니 지원이 많이 필요할 것 같습니다. 지원 부탁드립니다."

내가 준비해 간 요구 조건을 상사에게 말하자 그제야 그는 신생부서에는 관리자만 필요한 게 아니라 실적도 필요하고 대량의 인력과 재정 지원이 있어야 한다는 사실을 깨달았다.

아니, 어쩌면 그도 투자가 필요하다는 걸 알고 있었을지 모른다. 다만 그 사실을 말하지 않고 일단 내게 시켜본 것일 수도 있다. 하지만 내가 이성적이고 객관적으로 '지원'을 요구하자 그는 결국 나중에 그 신생부서를 만드는 일을 포기했고 일종의 죄책감마저 느끼게 되었다.

협상할 때
강약의 요소를 적절히 활용한다

협상은 일종의 심리전이다. 똑똑한 사람은 강약을 잘 활용해 자기가 원하는 목표를 달성한다. 예를 들어 협상할 때 상대가 가져가는 직접적인 이익은 강한 요소이며, 두 사람이 건강한 관계를 유지하는 것은 약한 요소이다. 협상할 때 이 두 가지 요소를 적절히 사용하면 좋은 결과를 얻을 가능성이 높아진다.

나는 업무뿐만 아니라 일상생활 속의 협상에서도 쉽게 해결할 수 있는 문제를 위에서 말한 두 가지 요소를 잘 사용하지 못해 실패하는 경우를 많이 봤다. 반대로 성공한 협상의 사례를 통해 이 두 가지 방식이 상대에게는 기회, 나에게는 주도권을 준다는 사실을 깨달았다.

중소기업에 다니는 기찬 씨는 이직을 준비 중이다. 그는 회사에 다니면서 중요한 프로젝트를 완성해 회사에 많은 도움을 주었다.

하지만 그가 이직을 하려고 하자 사장은 원래 그에게 프로젝트 달성 비용으로 지불하기로 약속했던 상여금을 주지 않았다.

기찬 씨는 사장과 협상하기로 마음먹었다. 원래 그는 자기 잇속을 챙기는 데 익숙하지 않은 사람이었다. 그래서 사장과 협상하면서 섣불리 칼을 꺼냈다가는 본전도 못 찾고 물러설 것이 뻔했다. 드디어 협상의 날. 그는 강약의 두 요소를 잘 활용해 협상에 성공했다.

먼저 이익적인 면에서 그 프로젝트는 자신이 심혈을 기울여 성공시킨 것임을 명확히 밝혔다. 또 그는 사장에게 프로젝트의 결과에 만족하는지를 물으면서 만족할 만한 비용을 자기에게 지불해야 한다고 주장했다. 그러자 사장은 웃으며 기찬 씨가 프로젝트를 잘 완성했지만 너무 갑작스럽게 이직 사실을 통보했기 때문에 당장 돈이 없어 결산이 어렵다고 말했다. 이때부터 기찬 씨는 감정적인 부분을 건드렸다. 그는 매우 당당하게 말했다.

"갑작스럽고 난감하신 거 압니다. 그런데 우리 회사가 그렇게 규모가 크진 않아도 오랫동안 여기서 일하면서 사장님이 다른 사람에게 막 대하는 걸 본 적이 없습니다. 창업 초창기 시절의 비전을 떠올리면 사장님도 직원이 약속받았던 상여금을 못 받은 채로 나가는 걸 원하지 않을 것 같습니다."

마지막 문장이 평범하게 들릴지 모르지만 평소 이런 말을 당당하고 대범하게 하는 사람은 많이 없다. 그래서 기찬 씨처럼 교과서를 읽듯 말하는 것이 오히려 상대에게 감정적으로 더 큰 인상을 남길 수 있다. 사장은 그 자리에서 비서에게 전화를 걸어 기찬 씨에게 줄 상여금을 마련해 오라고 했다.

기찬 씨는 진지한 태도로 협상에 임했다. 그리고 강력하게 자신의 이익을 요구함으로써 상대에게 자신의 굳은 결심을 내비쳤다. 나아가 절대로 포기하지 않겠다는 태도를 보이면서 상대에게 심리적 압박을 더했다. 감정적으로는 매우 교묘한 방식을 사용해 사장의 마음을 잘 흔들었다. 자기의 감정이 아닌 사장의 창업 초창기 결심을 환기시켜서 초심을 잃지 않는 사람이 되게 했다. 이렇듯 감정적인 방식을 통해 협상할 때도 역시 강약의 요소를 결합한 방식으로 말해야 한다.

연봉 협상할 때는 최대한 간결하게

강약의 요소를 함께 사용하는 방법은 많은 장소에서 적용이 가능하다. 사람들이 관심을 갖는 문제, 가령 어떻게 월급을 올려달라는 말을 상사에게 할 것인지와 같은 상황이다. 사실 이런 문제를 협상할 때는 감정적인 면에서 말을 조금만 섬세하게 사용해도 당신의 강력한 요구가 잘 전달될 수 있다.

사실 연봉을 올려달라는 요구는 어떤 방식으로 말하든 상대방은 분명 불편함을 느낄 것이다. 그래서 이런 화제를 꺼낼 때는 거창한 말로 설명하기보다 필요한 말만 간결하게 하는 것이 좋다. 가령 "도와주셨으면 좋겠습니다."라고 말하면 상대를 존중한다는 느낌을 줄 수 있다. 사실 거의 대부분의 회사에서 연봉을 올리는 일은 사장이 결정하는 일이긴 하지만 회사는 어쨌든 그 권리를 최대한 많은 사람에게 분산시켜 서로에게 미룬다. 그럼 그중에 당신도 권리를 발휘할 기회가 온다. 상대 또한 당신과 동일한 진영으로 끌어올 수 있다. 그리고 감정적으로 당신을 약한 위치에 놓으면서 도움이 필요한 사람으로 설정하면 상대의 호의를 자극할 수 있다.

마지막으로 당신이 원하는 연봉이 있으면 정확한 숫자를 말하는 대신 인상률을 제시하는 것이 좋다. 월급을 올려달라는 강력한 요구를 할 때는 이렇게 부드럽고 융통성 있게 접근한다.

상대의 이익을
먼저 말한다

누군가를 설득할 때 사람들은 종종 두 가지 방법을 사용한다. 하나는 상대방이 행동을 고칠 때까지 거듭 타이르는 것이다. 다른 하나는 상대방의 뜻을 따름으로써 그 사람이 당신을 도와주고 있다는 사실을 인식하지 못하게 하는 것이다. 첫 번째 방법은 상대가 강한 반감을 가지기 쉬운 반면 두 번째 방법은 상대가 설득 당했다는 사실을 모르게 설득할 수 있다.

중국 전국시대 책략가들의 책략을 모아놓은 『전국책戰國策』에는 이런 고사가 등장한다.

동주東周에서 벼를 심고자 했으나 서주西周에서 물을 내보내지 않았다. 이로 인해 동주에 근심이 쌓였다. 그러자 소자蘇子가 동주군東周君을 찾아가 말했다.

"제가 서주를 찾아가 설득하고 오겠습니다. 허락하시겠습니까?"

230

그리하여 소자는 서주군西周君을 찾아가 이렇게 말했다.

"잘못 생각하셨습니다. 지금 물을 내보내지 않으시면 동주에서는 벼 심기를 포기하고 물이 별로 필요하지 않은 밀 재배로 바꿀 것입니다. 그럼 동주에도 풍부한 식량 수입이 생기는 셈입니다." 그러자 서주군이 물었다.

"그럼 물을 내보내는 것의 장점은 무엇이더냐?" 소자는 대답했다.

"지금 물을 내보내셨다가 그들이 벼를 모두 심은 후에 다시 물을 끊으십시오. 그래야 상황을 통제할 수 있습니다. 만일 대왕께서 정말 동주를 무너뜨리고 싶으시다면 지금 물을 내보내셔야 합니다." 서주군은 과연 그의 말을 듣고 물을 내보냈다. 그리하여 소자는 양국 모두에게서 상금을 받았다.

도덕적인 평가는 잠시 접어두고 사람을 설득한다는 각도에서만 본다면 배울 점이 많은 이야기다. 만일 상대의 이익에서 출발해 생각하지 않는다면 위의 국면을 어떻게 타파하는 것이 좋을지 생각하기 어렵다. 일상생활에서도 상대방의 입장을 생각하지 않고 설득 전략을 펼쳤다가 실패로 끝나는 경우가 많다.

한번은 동료가 나를 찾아와 고민을 털어놓았다. 윗집 엄마가 아이에게 한시도 쉬지 않고 늦은 밤까지 피아노 연습을 시키는 탓에 요즘 들어 밤에 통 잠을 자지 못한다는 것이었다.

나는 웃으며 한시도 쉬지 않고 피아노를 친다는 게 어떤 것인지 물었다. (누군가와 대화를 나눌 때는 상대방이 당신을 자기의 감정을 쏟아

붙는 대상으로 삼지 않게 해야 한다. 그러려면 지금 그 사람의 감정이 어떤지 관심을 줄 필요가 있다. 또한 상대가 사건을 설명할 때는 보다 객관적이고 정확하게 말하도록 요구한다. 그래야 그도 평정심을 찾고 이성적으로 설명해줄 수 있다.)

그는 깊은 한숨을 내쉬며 말했다.

"윗집 아이가 학교에 다니거든. 그래서 전에는 매일 저녁 7시에서 8시 사이에 40분씩 일정한 시간에 피아노를 연습했어. 그런데 지금은 방학이어서 진짜 내키는 대로 피아노 연습을 하는 거야. 어떤 날은 대낮에 했다가 어떤 날은 또 아침 일찍 하고. 시끄러워서 못 살겠어."

나는 윗집 사람들에게 얘기를 해보았는지 물었다. 그러자 그가 다시 한숨을 내쉬며 말했다. 윗집 아주머니가 목소리도 크고 걸걸한 여장부라 괜히 말을 꺼냈다가 싸움이 일어날까 봐 걱정이 된다고 했다.

그의 이야기를 듣고 나자 나는 다른 일에서도 대부분 문제를 회피하는 모순적인 그의 모습이 떠올랐다. 본래 가볍게 치료할 수 있는 문제인데 괜히 병을 키워 뼛속까지 아픈 상태를 만들고 있는 듯했다. 이런 대인기피증은 겉으로 보기엔 다른 사람을 믿지 못해서인 것 같지만 사실은 그 내면에 자신감이 부족해서 나타난다. 다른 사람에게 거절당할까 봐, 그래서 상처받을까 봐 걱정하는 것이다. 그런데 사실 상대방도 그런 감정에 휩싸여 있을 수 있다.

비즈니스 협상을 할 때 나는 항상 상대에게 이득이 되는 조건들을 내건다. 그건 내가 뛰어나서가 아니라 상대방도 나처럼 긴장하고 있고 나와 협력하고 싶어 한다고 믿기 때문이다. 간단해 보이는 원리지만 사람들은 늘 지나치게 자기만 생각한 나머지 협상과 같이 중요한 순간에도 오직 자기에게 유리한 점이나 자기가 받는 스트레스만 생각한다. 실은 상대방도 똑같이 긴장하고 있다는 사실을 쉽게 간과하는 것이다. 그래서 협상할 때 많은 사람이 정신없이 허둥대거나 거만한 태도를 보인다.

나는 그 동료에게 이렇게 제안했다. 먼저 목소리가 크다고 해서 소통이 어려운 사람이 아니다. 소통하기 전에 편견부터 내려놓아야 한다. 둘째, 소통하지 않으면 대립이 일어날 수밖에 없다. 그러니 지금 당장 얘기해서 이 관계를 책임져야 한다. 셋째, 소통할 때는 상대에게 유리한 점부터 말한다. 물론 그 이면에 다른 뜻이 있다는 것을 그 사람도 알지만 그대로 상대에게 유리한 점부터 말해야 한다.

그 후 그 동료는 윗집 이웃과 이 문제에 관해 잘 소통해 원만하게 해결했다. 그의 전략은 이러했다. 먼저 상대가 자기의 휴식시간을 방해하고 있다는 걸 질책하지 않았다. 그리고 아이가 정해진 시간에 피아노 연습을 하는 게 좋겠다는 뜻을 전했고 이렇게 하면 무엇이 좋고 왜 그래야 하는지 설명해 상대를 설득했다.

요컨대 상대가 그 사람의 속뜻을 알아챘는지 아닌지는 중요하지 않다. 상대의 이익을 먼저 이야기하는 호의를 베풀고 소통하려 노력한다면 양측 모두에게 좋은 결과를 만들 수 있다.

때로 제삼자의 도움이 필요하다

한 남자 아이가 집 앞 마당의 돌을 옮기는 중이었다. 체구가 작은 아이에게 돌은 상대적으로 거대해 보였다. 아이는 끙끙거렸지만 돌은 꿈쩍도 하지 않았다. 계속해서 돌을 옮기려고 애썼지만 자꾸만 실패했다. 결국 상심한 나머지 울음을 터뜨렸다. 아이의 아버지는 창문을 통해 그 모든 과정을 똑똑히 지켜보았다. 아이가 닭똥 같은 눈물을 뚝뚝 흘리기 시작한 그때 아버지가 다가왔다. 아버지는 부드러운 말투로 아들에게 물었다.

"아들아, 왜 네가 가진 모든 힘을 다 사용하지 않았니?" 고개를 숙인 채 눈물을 흘리던 아들은 억울하다는 듯 아버지에게 소리쳤다.

"아니에요! 모든 힘을 전부 다 사용했단 말이에요!" 아버지는 고개를 저으며 아들의 생각을 고쳐주었다.

"아들아, 너는 네가 가진 모든 힘을 다 사용하지 않았어. 아빠에게 도움을 요청하지 않았잖니." 그러더니 그는 허리를 굽혀 가볍게 돌을 들어 다른 곳으로 옮겨주었다.

별것 아닌 듯한 이야기지만 우리는 일상에서 종종 위와 비슷한 어려움에 빠진다. 난관을 극복하고 다른 사람을 설득하는 것도 이와 마찬가지다. 어떤 일은 혼자서도 너끈히 해결할 수 있지만 다른 사람의 도움이 꼭 필요한 때도 있다.

대화의 출구를 찾을 수 없을 때, 개인의 능력으로는 도저히 해결할 수 없는 일을 만났을 때는 외부 혹은 타인, 단체의 힘을 빌리면 목적을 달성할 수 있다. 특히 두 사람 모두 서로에게 너무 화가 나 있거나 도저히 사태가 수습되지 않을 때는 먼저 제삼자에게 도움을 요청하는 쪽이 주도권을 잡게 되어 있다.

천 씨는 한 가족기업에 취직했다. 비록 그는 해당 기업 최고 책임자의 지지를 받고 있었지만 구체적인 업무를 진행할 때는 어려움이 뒤따랐다. 그는 자기 혼자만의 힘으로 아무런 프로세스도 갖춰지지 않은 그 기업을 관리하는 것은 실로 어렵다고 판단했다. 하지만 그 기업의 가족체계가 워낙 방대했고, 매번 최고 책임자에게 업무 보고를 할 때마다 큰 스트레스를 받았다. 최고 책임자의 눈에는 '설마 나에게 우리 가족을 내쫓으라는 소리를 하진 않겠지?'라고 분명히 쓰여 있었다.

얼마 후, 결국 그는 자신의 힘으로 해결하기 어려운 난관에 부딪혔다. 나는 그와 이야기를 나누면서 설령 기업의 발전에 해가 되는 사람일지라도 직접적인 충돌을 피하고 좀 더 공정하고 객관적인 제삼자를 불러들여 함께 해결해보라고 조언했다.

과연 천 씨는 자기만의 방법을 찾았다. 혁신을 통해 조금 더 과학적인 관리 체계를 구축했다. 거기에 전문적인 인재를 채용했다. 그로부터 한 달 후, 천 씨는 관리 분야에서 매우 권위 있는 인사를 초청해 회사 프로세스 부분에서 대대적인 개혁을 진행했다.

그가 구조조정 명단을 최고책임자에게 넘기자 오히려 일이 더 순조롭게 진행됐다. 3개월도 채 되지 않은 시간에 지난 반년 동안 아무도 손대지 못했던 일을 해낸 것이다.

이렇듯 일상 속에서 크게는 고객과의 협상에서부터 작게는 가족들과의 대화에 이르기까지 위와 같은 방법은 유용하다. 일을 하면서 해결하기 어려운 어려움에 봉착했을 때는 당신을 도와줄 제삼자가 없는지 떠올려보라.

예전에 한 회사에 협력 프로젝트를 의뢰했을 때 상대방이 고려하는 대상이 사실상 너무 많아서 어떻게 난관을 극복해야 할지 고민이 되었다. 나는 분명 그의 주변 사람들 중 이 문제를 도와줄 만한 사람이 있을 것 같았다.

과연 다른 사람들은 모두 상대 회사 책임자의 친구들을 찾아가 도움을 구했다. 내가 찾아낸 사람은 그 회사 책임자의 전임 비서였다. 나중에 알게 된 사실은 그 회사를 떠난 사원의 의견이 그들이 마음을 결정하는 데 큰 역할을 했다고 한다. 그 사람이야말로 그 어떤 이익과도 관련이 없는 제삼자였기 때문이다.

　이처럼 일부 회사들은 재직 중인 직원들보다는 이미 이직한 직원들의 의견에 더 귀를 기울이기도 한다. 구체적인 이익이나 권리와 아무런 상관이 없는 제삼자가 등장하면 사람들은 그가 매우 공정하고 사심이 없으며 객관적이라고 생각한다. 그래서 제삼자에게는 아무런 거부감을 느끼지 않고 신뢰를 하는 것이다.

부드러운 말로 상대를 설득하지 못하는 사람은
거친 말로도 설득할 수 없다

체호프

남을 설득하려고 할 때는 자기가 먼저 감동하고
자기를 설득하는 데서부터 시작해야 한다.

토마스 칼라일

결정의 90퍼센트는 감성에 근거한다.
감성을 동기로 작용한 다음,
행동을 정당화하기 위해 논리를 적용한다.
그러므로 설득을 시도하려면 감성을 지배해야만 한다.

리버만